Hannelore Schnapp

„... denn sie schenken das Leben"

Verlagsgesellschaft des Erziehungsvereins mbH, Neukirchen-Vluyn
www.nvg-medien.de
Titelgestaltung: Adriane Krakowski, Braunschweig
Satz: Matthias Schneider, Essen
Fotos: © fotolia.com, 11 Abbildungen
Druck: Fuck-Druck, Koblenz
Printed in Germany
ISBN 978-3-7615-5613-9
Bestellnummer 155613

Hannelore Schnapp

„... *denn sie schenken das Leben*"

Begegnung mit zwölf Müttern der Bibel

aussaat

Meiner Mutter Irmgard Säuberlich
und meiner Großmutter Johanna Bruckhaus
in dankbarer Erinnerung an eine
unvergleichlich schöne Kindheit.

Inhalt

„... denn sie schenken das Leben"

An einem Morgen am Strand. Frauenstimmen singen zur Melodie von Wellen und Möwen. Ihre Kleider wehen im Wind. Scheinbar unbeschwert und frei tanzen sie dahin. Fast schwebend berühren ihre Füße kaum den feinen Sand, spurenlos zwischen Muscheln und Meeresschaum.

Ihre Blicke gehen zurück. Sie entdecken den Weg, den sie gegangen sind, entdecken tiefe Spuren im feuchten Sand. Diese Frauen haben Eindrücke hinterlassen.

Die einen haben sich im Kreis gedreht, die anderen sind lange Zeit stehen geblieben. Viele der Spuren sind von Kinderfüßen begleitet worden.

Jetzt sind die Frauen unter sich. Allein mit sich und doch gemeinsam mit vielen anderen Frauen haben sie alle etwas gemeinsam: Es sind Mütter. Mütter, die sich hier begegnen. Sie lassen den Schmerz von Geburt und Abschied hinter sich, feiern den Sieg des neuen Lebens.

Trennung, Krankheit, Not, Angst, Überforderung, Schmähung und Verachtung scheinen vergessen zu sein. Alles, was sie tragen und ertragen müssen, aber auch alle Freude, aller Stolz, alle Liebe durften sie in andere Hände geben.

Noch kreisen ihre Gespräche um ihre Kinder. „Kennst du es auch ...? Meine Tochter auch ... Also mein Sohn ..." Doch mehr und mehr schaffen es die Mütter, loszulassen. Sie beginnen, sich selber zu entdecken. Mütter finden zur Freiheit ihres Lebens zurück, halten inne, schauen zum Himmel.

Jochebed, Rizba, Hanna, Elisabeth und Maria. Mütter von einst tanzen mit Müttern von heute.

Ich gehöre dazu, bin eine von ihnen, lerne sie kennen, diese Mütter, und sie erzählen mir aus ihrem Leben.

Wir kommen einander ganz nah in unseren Lebensgeschichten, im Mutterwerden und Muttersein und in unseren Gebeten:

Danke Gott für die Mutterzeit.
Danke für unsere Kinder.
Danke für die Jahre mit ihnen.
Danke für alles Neue, auf das wir uns freuen dürfen.
Danke, dass du durch alle Zeiten hindurch Frauen zu Müttern machst,
... denn sie schenken das Leben.

Jochebed – Ins Leben ausgesetzt

Vom Leben überrascht

Jochebed – Ins Leben ausgesetzt

Lebensschrei

Schweig still, mein Kind,
du unerlaubtes, geliebtes,
zu falscher Zeit, an falschem Ort geborenes.
Sei still, mein Kind,
niemand darf dich hören,
dich ahnen, dich denken.
Sei still, mein Kind,
auch wenn das Leben in uns beiden schreien will,
der Tod wohnt nebenan.
Schweig still, mein Kind,
ich ersticke deinen Atem an meiner Brust,
und du trinkst dich satt am Leben.

Ins Leben ausgesetzt

Dichte weiße Nebelschwaden umhüllten den schlafenden Nilgott. Zu dieser frühen Morgenstunde lag er träge in seinem Bett und ließ sich nur ungern stören. Leise, wie der Rote Ibis, watete die Frau durch das Schilf bis ans Wasser. Wie friedlich die Welt hier ist, dachte sie. Ob ich einfach weitergehe, bis mich die Unendlichkeit umfängt? Nein, ich muss leben! Nicht für mich, aber für meine Kinder. Vorsichtig zog die Frau die Sichel aus ihrem Gewand. Ihre rauen Hände griffen nach dem Schilf. Mit scharfem Schnitt trennte sie ein großes Bündel ab und trug es auf ihren Schultern fort.

Nie ist mir eine Last so schwer gewesen, wie diese hier, dachte sie. Nicht die vollen Wasserschläuche, die ich den Steinmetzen in der Mittagshitze bringe, nicht die Ziegel, die mir die Aufseher auf die Schultern laden. Über der Hüttenstadt sogen die ersten Strahlen der Morgensonne den kühlen Nebel auf. Bald würde die Peitsche der Aufseher die Stille zerreißen, um die zerschundenen Körper der Sklaven zu den Lehmgruben zu treiben. Jochebed öffnete behutsam die knarrende Tür ihrer Hütte. Ihr Blick fiel auf Amram,

der auf seiner Matte schlief. Aaron, ihr ältester Sohn, lag in seinen Armen. Miriam, ihre Tochter, kam ihr entgegen und nahm ihr das Schilf ab. „Er hat geschlafen, als du weg warst", sagte sie und zeigte auf den Säugling, der in einem Stoffbündel auf einer anderen Matte lag. Jochebed sah es an, das Namenlose. Sie zwang sich seit Wochen, nichts für ihr Neugeborenes zu empfinden, hoffte, dass der Gott ihrer Väter ein Erbarmen hätte und das Kleine zu sich holen würde, statt es zuzulassen, dass es von den Soldaten getötet würde.
„Taub bist du, du Gott meiner Väter. Spielst mit mir und dem Leben meines Kindes. Schau, es trinkt sich groß. Wie lange glaubst du, kann ich sein Schreien verbergen, es aushalten, dieses Kind nicht zu lieben? Ich weiß, dass ich es nicht behalten kann. Wie lange, Gott?", klagte sie ihm.
Ihr Gott schwieg, gab ihr keine Antwort. So gab sich Jochebed selbst die Antwort. „Komm, wir müssen uns beeilen!" Sie trieb ihre Tochter zur Eile an. Mit geschickten Händen flochten die beiden aus dem Schilf ein Körbchen, verstrichen es mit Pech und ließen es in der Sonne trocknen.
An diesem Sonnentag nahm Jochebed Abschied. Die Minuten mit ihrem Kind sammelte sie wie bunte Perlen und reihte sie liebevoll zu einer Kette der Erinnerung zusammen. Als der Mond die Sonne vertrieb, schlief sie mit dem Kleinen im Arm einer letzten Sternennacht entgegen, zu schwach, den letzten Schritt allein zu tun.

Im Morgennebel trug sie gemeinsam mit Miriam den schlafenden Säugling im Körbchen dem Nil entgegen. Lehm und Sand wurden zu Schlamm und ihre Schritte schwerer und schwerer. Ihre Füße wateten zwischen dem hohen Schilf hindurch zum Wasser. In Jochebeds Kopf und Herzen tobte ein Gewitter aus Gedanken und Gefühlen. Es gab keinen Ausweg. Zitternd setzte sie das Körbchen mit ihrem Kind aus. Die weichen Wellen des großen Flusses trugen es am Ufer vorbei.

„Sieh nach ihm, Miriam!"
Mit letzter Kraft taumelte sie dem Alltag entgegen. In der Hüttenstadt war die Peitsche bereits erwacht, die die Hebräer in die Lehmgruben trieb. Wie eine Schlafwandlerin entging Jochebed dem Treiben.
„Ihr könnt mich nicht mehr verletzen", dachte sie, als sie die knarrende Tür zur Hütte öffnete. Sie wurde schon erwartet. Die unsagbare Stille und tiefe Leere hatten bereits Platz genommen. Beide hielten Jochebed fest umschlungen.

Miriam sah dem Körbchen nach.

„Lebwohl, kleiner Bruder. An dir wird sich zeigen, welcher Gott der Größere ist: Ob dich der Nilgott der Ägypter zum Totenfluss trägt oder der Gott unserer Väter dein Leben beschützt." Unentdeckt beobachtete Miriam, wie das Körbchen in den Wellen dahintrieb.
Die ersten Strahlen der Sonne tanzten auf dem Wasser, als die verheißungsvolle Kühle des Morgens plötzlich von Frauenstimmen erfüllt wurde. Mit großer Angst hörte Miriam, wie ihr Lachen dem Ufer immer näher kam. Die Ägypterinnen gingen im Fluss baden. Ihre edlen Gewänder leuchteten in der Sonne. Miriam hielt den Atem an: Jeden Moment musste es passieren! Gleich würden die Frauen das Körbchen entdecken. Ihr Bruder in der Hand der Ägypter. Was würde sie der Mutter sagen?

„Schaut! Dort schwimmt ein Körbchen!", rief eine der Frauen.
„Lasst uns sehen, was darin ist. Holt es aus dem Wasser."
Zwei Dienerinnen wateten durch das Wasser, um es zu holen.
„Hier liegt ein Kind drin! Ein Säugling!", entdeckte eine der Dienerinnen.
„Bringe es her! Schnell!" Die Frau in dem edlen Gewand nahm das Kind heraus. „Es ist ein Junge und er ist ganz gesund und munter."
„Welche Mutter setzt ihr Kind einer solchen Gefahr aus? Eine Mutter, die liebt, würde so etwas niemals tun!", stellte eine Dienerin fest.
„Vielleicht hat sie ihr Kind ausgesetzt, weil sie es liebt. Sie hat es in die Hände des Nilgottes gegeben, der Fruchtbarkeit und Leben spendet, dort, wo alles verdorrt ist. So hat er mir, der Unfruchtbaren und Kinderlosen, einen Sohn geschenkt. Ich preise dich, Gott des Nils."
„Vielleicht ist es ein Kind hebräischer Sklaven. Du kennst das Gesetz zur Tötung der männlichen Neugeborenen, Herrin."
„Unsinn. Egal, wer ihm das Leben schenkte, ich habe ihn aus dem Wasser gezogen und so sollst du heißen: Moses. Von heute an bist du mein Sohn. Für dich wird es kein Gestern mehr geben, nur noch ein Morgen." Die Frau hielt das Kind der Sonne entgegen.
„Aber wer wird den Jungen stillen? Wer wird Amme für ihn sein, Herrin?"
„Es hat sich ein Kind gefunden, so wird sich auch eine Amme finden!"
„Ich kenne eine!", brach es aus Miriam hervor. Sie stolperte durch das Schilf und fiel ins Wasser.
Die Frauen lachten. „Schaut sie euch an, die kleine Gans! Sie kennt eine Amme!" „Lasst sie!", sagte die Frau mit dem Kind auf dem Arm. „Wer ist diese Amme?"
„Es ist eine Hebräerin, die gerade selbst entbunden hat und ihr Kind hergeben musste. Eine gute Frau, sie hat gute Milch für dein Kind. Soll ich sie bringen?", stieß Miriam hervor.

„Geh, lauf! Bring' sie her!"
Miriam lief und lief. Zu Hause stieß sie die Tür auf. Jochebed, die weinend am Tisch saß, riss den Kopf hoch.
„Mutter! Es gibt ihn, den Gott unserer Väter. Heute hat er den Kampf gegen die Ägypter begonnen. Er will, dass wir leben!"

Das Leben geschenkt

Ich habe
dir das Leben geschenkt.
Du hast
dir meine Augen ausgesucht.
Er hat
dir sein schwarzes Haar gegeben.
Sie hat
uns vor die Tür gesetzt, als wir sie am nötigsten hatten.
Es hat
nichts genützt zu weinen, zu klagen, zu schreien.
Wir haben
gemeinsam keine Chance, darum gebe ich dich in andere Hände.
Ihr habt
als Familie eine Zukunft miteinander.
Wir haben
den Anfang gemacht,
denn ich habe dir das Leben geschenkt.

Wer bist du?

Ich bin Felix, der Glückliche. Ja, ich bin glücklich. Heute ist mein 18. Geburtstag. Gleich kommen die Gäste, die Großeltern und der Rest der Familie. Meine Mutter hat wie immer super leckeren Kuchen gebacken und den Tisch gedeckt. Zu diesem besonderen Fest schließt Vater heute sogar die Praxis. Draußen auf der Straße steht mein Geburtstagsgeschenk. Echt krass! Stell dir vor, ich habe ein Auto bekommen. Morgen gibt's dann eine Riesenfete, die sich sehen lassen kann. Dann kommen meine Freunde und natürlich Saskia, meine Freundin. Sie ist wunderschön. Ich wünschte, du könntest sie kennenlernen.
Heute denke ich besonders an dich. Man wird schließlich nur einmal 18. Warst du so alt, als du mich geboren hast? Wie sahst du aus? Bin ich dir ähnlich oder sehe ich aus wie der, der mich gemacht hat? Ich spiele Gitarre und Schlagzeug. Spielst du auch ein Instrument? Habe ich das Talent von dir? Wer bist du? Wie bist du? Wo und wie lebst du heute? Denkst du manchmal

an mich? Fragst du dich, was aus dem Kind geworden ist, das du vor 18 Jahren geboren und in die Eingangshalle eines Krankenhauses gelegt hast? Vater kam damals zum Frühdienst in die Klinik und fand mich. Du hattest mich in einen Wäschekorb gelegt, eingehüllt in einige Decken. Auf einen Zettel hast du geschrieben: „Er heißt Felix. Er ist am 20.12. geboren. Er kann nicht bei mir bleiben. Bitte sorgt gut für ihn!"
Viele Jahre hasste ich dich dafür, verurteilte dich, weil du mich abgeschoben hast.
„Warum wollte sie mich nicht haben? Warum gibt eine Mutter ihr Kind weg? Hat sie mich nicht lieb gehabt?", fragte ich meine Mutter.
„Sie hat dich geliebt, Felix! Es gehört eine viel größere Liebe dazu, ein Kind abzugeben, als es in einer lebensfeindlichen Umwelt aufwachsen zu lassen. Keine Mutter gibt leichtfertig ihr Kind her. Ich glaube, deine Mutter hatte keine andere Wahl. Sie konnte dich nicht behalten. Du bist ein wunderbarer Junge und das hast du ihr zu verdanken, denn sie hat dir dein Leben geschenkt. Vergiss das nie!", sagte meine Mutter damals.
Wer du auch bist: In meinen Gedanken hast du viele Gesichter, wohnst an vielen Orten. Manchmal gehe ich durch die Stadt und suche nach einer Frau, die mir ähnlich sieht.
Heute hasse ich dich nicht mehr. Ich versuche, dich zu verstehen.
Seit ich mit Saskia zusammen bin, denke ich viel darüber nach, was passieren würde, wenn sie von mir schwanger wäre. Und dann bist du plötzlich da und ich weiß, was ich zu tun habe.
Also, mach dir keine Sorgen um mich. Wer du auch bist, wo du auch bist: Mir geht es gut. Ich bin Felix, der Glückliche. Ich habe eine Mutter, die mir das Leben gab und Eltern, die mir das Leben zeigten.

Am selben Ufer

Zieh´ dahin, mein Leben!
Fließ´ wie ein Strom,
trage sie träge fort, die unerträgliche Leere
ohne das kleine DIR in mir!

Nimm´ sie mit, meine Hoffnungen!
Lass´ sie auf deinen Wellen tanzen,
suchend, sehnend, sehnsuchtsvoll
nach dem kleinen DIR in mir!

Ich seh´ die fruchtbaren Ufer
fühl´, wie das Leben meine Füße umspült:
Spüre lose Spuren, doch ich bleibe spurenlos
ohne das kleine DIR in mir.

Da, sie lässt dich zu mir gleiten,
kann dich nicht halten.
Und ich, wartend am selben Ufer,
lebe wieder, mit dem kleinen DIR von IHR.

Aus dem Wasser gezogen

Der ICE fährt in den Frankfurter Flughafen ein. Schnell, ich muss hier raus! Hektisch schiebt sich mein verschwitzter Körper zwischen den Reisenden hindurch.
„Ihr Gepäck?", ruft ein Fahrgast hinter mir her.
Ich greife nach meiner Handtasche, sie ist da. Muss ein Irrtum sein. Ich drehe mich um: „Es ist nicht meins. Ich habe nur meine Handtasche mit! Trotzdem danke." Heute reise ich ohne Sitzplatzreservierung und ohne Koffer, ganz anders als sonst. Planlos und kopflos laufe ich durch die Hallen. Endlich finde ich einen Bildschirm mit den Abflugzeiten. Ich bleibe stehen. Mein Herz rast so, dass meine Augen kaum die angezeigten Flüge verfolgen können.
Da ist seine Maschine. Meine Gesichtszüge entspannen sich, denn ich habe den El AL-Flug nach Tel Aviv gefunden. Ein grünes Licht zeigt an, dass das Boarden bereits begonnen hat.
Ich muss hinaus, auf die Besucherterrasse, rast es durch meinen Kopf. Vielleicht kann ich ihn ein letztes Mal sehen. Ein Mal, ein einziges Mal noch. Bitte, lieber Gott, mache, dass ich es noch schaffe.

Ich schwitze aus allen Poren. Hastig bahne ich mir den Weg durch Menschen aus fernen Ländern. Stoße und remple sie an. Wie kann ich nur? Die Röte schießt in mir hoch. Ich stolpere über Gepäckstücke.
„Entschuldigung! Verzeihen Sie! Ich habe es sehr eilig!"
Atemlos und erschöpft erreiche ich die Besucherterrasse. Der warme Sommerwind haucht mich mit seinem Geruch von Kerosin an. Lärmend starten Maschinen der roten, untergehenden Sonne entgegen und tauchen in den Abendhimmel ein.
Abschied liegt in der Luft, Abschied von einem Tag, von einem Leben. Fernab steht die El Al und wartet auf ihre Passagiere, die in Bussen gebracht werden. Plötzlich entdecke ich ihn.
„Mein Großer", sage ich leise.
Er trägt seine ausgewaschene Jeans und das T-Shirt, das wir gemeinsam in Australien gekauft haben. Das Wort „Homeland" ist beidseitig darauf gedruckt.
Dein T-Shirt wird zur Prophezeiung, Moritz, denke ich.
Ich wusste, dass irgendwann dieser Tag kommen wird. 19 Jahre habe ich mich darauf vorbereitet, alles durchgespielt, versucht, mich von dir abzunabeln und doch ist es so schwer. Nun gehst du die Gangway hinauf. Siehst dich um, lässt deinen Blick wandern, so, als ob du mir auf dieser Wanderung ein letztes Mal begegnen willst. Du weißt nicht, dass ich hier bin und doch scheint es, als ob du mir zuwinkst. Mir, deiner Kindheit und unserem vergangenen, gemeinsamen Leben. Jetzt steigst du ein und ich? Ich bleibe im Damals meiner Gedanken.
Es ist derselbe Flughafen, dieselbe Fluglinie. Wir sind gerade aus Israel gekommen, mit dir im Arm, einem Findelkind aus einem Säuglingsheim in Hebron. Wie lange hatten wir auf ein eigenes Kind gehofft. Die Kinderlosigkeit traf mich hart. Alle Versuche schlugen fehl. Ich war am Ende, konnte den Anblick schwangerer Frauen und kleiner Kinder auf Spielplätzen und im Park nicht mehr ertragen. Dann der Antrag auf Adoption und der Kontakt zu Adoptionsorganisationen im Ausland. Am Ende aller Hoffnungen kamst du. Im Säuglingsheim nannten sie dich Mosche, das bedeutet: aus dem Wasser gezogen. Es fiel den Schwestern nicht leicht, dich an ein deutsches Ehepaar abzugeben. Für uns alle warst du das Friedenskind.

Die EL AL schließt die Tür, die Gangways werden entfernt. Die Reise beginnt.

Du hattest eine wunderschöne nussbraune Haut und viele schwarze kleine Löckchen. Du warst für mich das schönste Baby der ganzen Welt. Bei dem

Gedanken muss ich lachen, denn diese Geschichte habe ich dir immer erzählt, wenn du fragtest: „Warum bin ich nicht aus deinem Bauch gekommen, Mama? Hast du mich trotzdem lieb?"
„Noch viel lieber", habe ich dir gesagt und dich ganz fest an mich gedrückt. „Wenn Mütter Kinder zur Welt bringen, müssen sie sie so annehmen wie sie sind. Ich habe dich unter vielen Babys ausgesucht, weil du etwas ganz Besonderes bist."
Aus Mosche ist Moritz geworden. Du warst das schönste Geschenk meines Lebens, hast mir gezeigt, was Leben heißt. Eigentlich hast du mich aus dem Wasser gezogen, denke ich in den Lärm der aufsteigenden EL AL-Maschine.

In den vergangenen zwei Jahren ist aus Moritz immer mehr Mosche geworden. Du stelltest Fragen, die ich dir nicht beantworten konnte. So beginnt nun die Suche nach deinen Wurzeln, deiner Familie, dort, wo einst unsere Reise begonnen hat.

Ich sehe dir nach. Die Maschine steigt immer höher und verlässt das Gestern.

Langsam trete ich meinen Rückweg an.

Ich muss lernen, die Angst zu besiegen dich verlieren zu können. Ich gebe dich zurück in die Hände, die dich damals nicht halten konnten. Wie mag sie sein, deine Mutter? Eigentlich ist sie mir nicht fremd. In deinen Fiebernächten mit Masern und Windpocken saß sie mit mir gemeinsam an deinem Bett, kühlte dir die Stirn und legte Wadenwickel für dich an.

Ob du sie findest oder nicht, dein Weg zurück ist der Weg zu dir selbst. Du gehst ihn so, wie ich ihn jetzt gehen muss. Aber vielleicht wartet sie schon auf dich. Gibt dir Raum und Zeit zur Begegnung.

Und wenn nicht? Dann weißt du, dass ich am Ufer stehe und nach dir Ausschau halte, bereit, dich aus dem Wasser zu ziehen.

Weil deine Liebe trägt, Herr

Weil deine Liebe trägt, Herr,
dürfen wir
abgeben und empfangen,
schenken und annehmen,
klagen und hoffen.

Weil deine Liebe trägt, Herr,
können wir
dahintreiben und anschwemmen
stranden und weitergleiten
untertauchen und auf den Wellen tanzen.

Weil deine Liebe trägt, Herr,
spüren wir,
leben und sterben,
festhalten und loslassen,
ganz geborgen sein
in deiner Hand.

Maria – Das Himmelskind

Maria – Das Himmelskind

Überrascht

*Überrascht im grauen Alltag,
überrascht in allem Planen,
kann nicht glauben, kann nicht ahnen,
dass ich ein Kind des Himmels trag.*

*Überrascht von deinem Bild,
holt mich deine Nachricht ein,
du willst mir ganz nahe sein,
bin von deinem Geist erfüllt.*

*Überrascht von deinem Wort,
hebst du mich auf mit deiner Kraft,
und was mir Angst und Sorge schafft,
trägst du auf deinen Flügeln fort.*

*Überrascht vom neuen Leben,
überrascht von Furcht und Glück,
bringst mich lebensvoll zurück,
mich ganz in deine Hände geben.*

Vom Himmel hoch – Aus dem Tagebuch eines Engels

Nazareth, 9 Monate v. Chr.

Ich bin Gabriel. Es gibt Situationen, in denen es mir wirklich schwer fällt, ein Verkündigungsengel zu sein. Ich meine, dass es die Schutzengel da wirklich einfacher haben. Die erkennen die Gefahr, in der die Menschen stecken, sofort und können prompt handeln. Für ihren Einsatz bekommen sie auch noch ein großes Lob: „Mensch, da war dein Schutzengel aber wachsam" oder „... der hat gleich mehrere Schutzengel gehabt!"

Vor einen Verkündigungsengel wie mir haben die Menschen Angst. Meistens bringen wir ihnen lebensverändernde Nachrichten, müssen sie mit Tatsachen konfrontieren, mit denen sie nicht fertig werden.

Schon bevor wir uns nähern, ist äußerste Sensibilität und großes Einfühlungsvermögen gefragt. Aber mal ehrlich, was bleibt Ihnen bei dem Satz hängen:

„Fürchte dich nicht!" Sehen Sie! Furcht, nicht wahr? So können wir selbst mit dieser himmlischen Formel den Irdischen nicht die Angst nehmen. Natürlich bin ich so professionell, dass ich Gottes Botschaft und Hilfsangebot ausgewogen herüberbringe, doch mit der anschließenden Seelsorge ist das gar nicht so leicht. Da brechen Menschen richtig zusammen, andere brauchen Zeichen und Wunder an sich oder an anderen. Manche Menschen glauben mir einfach nicht, brauchen erst mal Abstand, Zeit zum Nachdenken und zur Stille. Anderen muss ich richtige Strafen auferlegen oder sie im Chaos ihres Lebens allein zurücklassen.

Gestern schickte mich Gott, der Herr, nach Nazareth. Still lagen die Gassen in der heißen Mittagssonne. Erbarmungslos hatte sie die Menschen in ihre Häuser getrieben. An den Steinwänden und auf den Mauern sonnten sich die Eidechsen. Niemand sah mich. So erreichte ich ihr Haus. Wie ein Dieb sah ich durchs Fenster. Die junge Frau fegte die kalte Asche aus der Feuerstelle. Ab und zu bückte sie sich, um eilig die letzten Stücke der Holzkohle aufzusammeln. In der Hitze des Tages wischte sie sich mit den Händen den Schweiß von der Stirn, färbte ihr kindliches Gesicht nach und nach schwarz. Sie ist noch so jung, Herr, dachte ich. Hältst du es wirklich für angebracht, einem halben Kind diese Verantwortung aufzuladen?
Umsonst wartete ich auf seine Antwort und so ging ich hinein. Vom Sonnenlicht angestrahlt, stand ich im Türrahmen. Ich sah die Armut dieser Hütte, atmetet den Duft von Kräutern, Feuerstelle und Brot ein.
Plötzlich entdeckte mich die junge Frau. Sie schreckte zusammen und wandte ihr Gesicht ab.

Diesmal versuchte ich es anders, ich meine, zunächst ohne die himmlische Formel.
„Ich grüße dich, Maria", sagte ich. „Für Gott bist du ein schuldloses, reines Wesen. In seinem Namen bin ich hier."
Maria versuchte, sich zu verstecken, schloss wie ein kleines Kind die Augen und drückte mit den Hände ihre Ohren zu. Also machte ich doch mit der himmlischen Formel weiter.
„Fürchte dich nicht, Maria! Du bist ein geliebtes Kind Gottes. Gott hat große Pläne mit dir. Du sollst seinen Sohn zur Welt bringen und ihm den Namen Jesus geben. Mit ihm erfüllt Gott sein Versprechen, den Retter der Welt zu schicken. Er wird die Pläne der Mächtigen durchkreuzen und der Welt seine Liebe schenken."
Langsam nahm Maria ihre Hände von den Ohren und versuchte, mich anzusehen.

„Ich, ich soll ein Kind Gottes bekommen? Ich bin verlobt, habe Pläne für mein Leben. Was soll ich meinem Verlobten sagen? Er wird mir das alles hier nicht glauben. ‚Wer ist der Vater dieses Kindes?', wird er mich fragen und dann?"
Sie hatte recht, wie sollten Menschen auch Gottes Plan begreifen können? Ich versuchte es also weiter mit Tatsachen und Beweisen: „Gottes Geist schafft das neue Leben in dir. Er wird dir ganz nahe kommen, wie ein Schatten, der über dir liegt und dich berührt. Dein Sohn ist sein Sohn, ein Wunder Gottes, das er an dir tut. Gott ist ein Gott, der Wunder tut. Deine Verwandte Elisabeth ist im hohen Alter schwanger geworden. Besuche sie und sieh selbst."
Maria schüttelte den Kopf: „Elisabeth schwanger? Sie ist alt und konnte ihr ganzes Leben lang nicht gebären. Das kann doch nicht wahr sein!"
Langsam gingen mir die Argumente aus. Ich konnte sie nicht auch verstummen lassen, so, wie ich es bei Elisabeths Mann getan hatte, diesem kleingläubigen Kirchenmann. Maria brauchte ihre Stimme dringend.
„Weißt du, was sie mit mir machen, wenn das herauskommt mit der Schwangerschaft?" Marias kleine braune Augen funkelten vor Erregung. „Josef wird mich verlassen und sie werden mich steinigen, weil ich Schande über ihn und meine Familie gebracht habe. Niemand wird mir glauben. Deine Nachricht bringt mich in Lebensgefahr und das Kind auch!" Sie begann zu weinen. Kraftlos ließ sie sich an der Wand ihrer Hütte heruntergleiten, saß im Staub und griff nach der weißen Asche, um sie auf ihren Kopf zu streuen.
„Das ist das Ende," sagte sie immer wieder.
Nie zuvor kam ich mir so hilflos vor. Da stand ich im hellsten Licht der Sonne, ein stattlicher Engel, und ich hatte es erfolgreich geschafft, dass diese junge Frau am Boden lag. Was sollte ich ihr nur sagen?
„Maria, Gott wird dich beschützen. Er ist auf der Seite der jungen Mütter, die mit ihrer Schwangerschaft allein dastehen und überfordert sind. Er macht dich stark, diese Zeit auszuhalten und zu dir und zu dem Kind zu finden. Dein Leben und dein Kind sind bei ihm in den besten Händen. Er wird nicht zulassen, dass dir irgendwer auch nur ein Haar krümmt. Alle Hindernisse, alle Steine auf deinem Weg werdet ihr gemeinsam aus dem Weg räumen. Für dich und dein Kind setzt er Himmel und Erde in Bewegung."
Maria sah mich an. „Ich brauche Zeit, um über alles nachzudenken. Ich muss wissen, was für mich und für das Kind richtig ist. Wenn ich auch zum jetzigen Zeitpunkt und zu der großen Verantwortung noch kein Ja sagen kann, sage ich doch Ja zum Leben in mir."

So habe ich sie zurücklassen müssen, in der Stille ihres Hauses und mit ihrer Sorge um Leib und Leben. Aber ich habe mir fest vorgenommen, sie durch diese schwere Zeit zu begleiten. Bis das Kind geboren ist, werde ich ihr zur Seite stehen und Dinge für sie klären. Eigentlich ein Auftrag für Schutzengel, aber man wächst ja bekanntlich an seinen Aufgaben.

Durch dich bin ich stark

Bin dem Leben zugewandt,
halte allen Blicken stand,
spreche Ungesagtes aus,
wachse über mich hinaus,
bin bereit für deine Wunder,
geh im Alltag nicht mehr unter.

In der Kleinstadt meines Lebens
erscheint mir nun kein Tag vergebens,
hilfst mir atmen, füllst mein Sein,
dringst in verborgne Winkel ein,
kehrst mein Innerstes ans Licht,
zeigst dich nur mir, den andren nicht.

Entdeckst mit mir das Leben neu,
machst aus jedem Zwang mich frei,
zeigst mir in meinem Traum dein Bild,
schläfst in mir tief eingehüllt,
Niemals hätte ich das gedacht,
doch du, du hast mich stark gemacht.

Die Rückkehr nach Bethlehem

Lange hatte Marion mit sich gerungen. Seit zwanzig Jahren kreisten ihre Gedanken wie lauernde Geier um den Ort ihrer Jugend, gierig wartend, sich in den schwachen, stillen Stunden des Tages oder den schlaflosen Momenten der Nacht auf sie zu stürzen.
Nur wenige Freunde kannten ihr gut gehütetes Geheimnis. Sie halfen ihr, es durch die Jahre hindurch zu verstecken. Marion verbarg es hinter der trägen Monotonie ihrer Arbeit. In der Textilfabrik übertönten die surrenden Nähmaschinen die Stimmen dieser Zeit. Manchmal ertappte sich Marion dabei, dass sie beim Putzen des Treppenhauses die Lieder der damaligen Zeit

summte. Ohrwürmer, Märsche der Gefühle, Siegeshymnen der Angst. Töne wurden zu Gesichtern, zu entstellten Fratzen mit riesigen Mündern und geifernden, kalten Augen.
„Verschwindet! Ich will euch nicht mehr sehn!", schrie sie ihnen entgegen und ihr Angstschrei durchbrach die Stille des Treppenwirrwarrs, hallte im Echo der hohen, steinigen Flure wider, um an den Türen und Wänden der Gleichgültigkeiten abzuprallen.
Marion lebte in ihrer verschlossenen Welt. Allein, beziehungslos, mit den Heldinnen ihrer Liebesromane, hin und her gerissen zwischen Ruhe und erbarmungsloser Stille. So gab sie sich Tag und Nacht dem Fernseher mit seinen Verkaufsprogrammen und Seifenopernstars hin.
An einem Tag im September klopfte beharrlich und laut die Vergangenheit an ihre Tür und ließ sich nicht abschütteln. Jennifer, ihre Tochter, die zu einem ihrer gelegentlichen Besuche vorbeikam, brachte ihr die Post mit hoch.
„Schau mal, Mama, da ist ein merkwürdiger Brief dabei. Kennst du ein Haus, das Bethlehem heißt? Die haben dir nämlich geschrieben."
„Gib mal her!" Marion griff zitternd nach dem Brief und öffnete ihn. Woher hatten sie ihre Adresse? Nach all den Jahren stieg immer noch die Angst in ihr hoch. Was für eine Frechheit, sie nach diesen Jahren dorthin einzuladen. Ein Ehemaligentreffen im Advent, gerne, aber ohne sie.
„Was ist mit dir, Mama? Was wollen die denn?"
„Die haben mich eingeladen. Ich habe dort vor zwanzig Jahren mal eine Zeit lang gelebt", sagte Marion und zündete sich eine Zigarette an.
„Vor zwanzig Jahren bin ich geboren. Bin ich etwa dort zur Welt gekommen?", fragte Jennifer entsetzt.
Marion nahm einen tiefen Zug und sprach leise, zögernd, in den ausgestoßenen Qualm: „Ja. Haus Bethlehem ist ein Heim, in dem junge, ledige Mütter ihre Kinder zur Welt bringen konnten und dabei ihre Schule oder ihre Ausbildung zu Ende machen."
„Ich bin in einem Heim geboren? Warum hast du mir das all die Jahre durch verschwiegen? Warum hast du mir nie davon erzählt, Mama?"
„Es gehört zu einem Teil meiner Geschichte, an die ich nicht mehr erinnert werden möchte!", erwiderte Marion mit gesenktem Blick.
„Es ist auch ein Teil meiner Geschichte, Mama! Findest du nicht, dass ich ein Recht darauf habe zu wissen, woher ich komme und wie das damals in Wirklichkeit alles war?" Jennifer war außer sich. Sie fühlte, wie ihr die Tränen in die Augen stiegen: „Ich will dahin und zwar mit dir. Ich möchte sehen, wo ich geboren wurde", schluchzte sie zornig.
Marion blieb hart und so stritten sie weiter. „Lass mich in Ruhe!", schrie Marion.

„Na klar, drück dich wie immer vor der Wahrheit!", empörte sich Jennifer und rannte zur Tür. „Und wir fahren, darauf kannst du Gift nehmen", schrie sie, bevor sie die Wohnungstür knallend ins Schloss warf.
Es dauerte noch einige Wochen, bis Marion der Reise in die Vergangenheit zustimmen konnte. Ohne auf die Einladung zu antworten, fuhren sie sehr früh von der Großstadt an den Niederrhein. Nasskalt lag der Nebel über der Dezemberlandschaft. Die beiden Frauen parkten ihren Wagen unauffällig an der gegenüberliegenden Tankstelle. Einander stützend gingen sie Arm in Arm die Birkenallee hinauf zum Haus. Wie ein Geisterschloss tauchte es plötzlich aus dem Nebelgrau auf. Marions Knie zitterten. Für einen Moment sackte sie in Jennifers Armen ein.
„Was ist, Mama?", fragte diese besorgt.
„Es hat sich nichts verändert. Das Haus, der Garten, alles sieht so aus wie ich es verlassen habe." Sie schloss die Augen für einen Moment. Die Stimmen alter Tage holten sie ein. Mädchen- und Frauenlachen, der Pfiff der Trillerpfeife, die Kommandostimme von Schwester Clara.
„Mama, komm, lass uns hineingehen!"
„Es ist noch viel zu früh und ich weiß gar nicht, ob ich überhaupt hineingehen will."
„Wenn du nicht willst, gehe ich alleine. Ich will mir das Haus ansehen, in dem ich geboren worden bin. Also komm mit oder bleib hier!" Jennifer ließ sie unter dem großen Torbogen stehen und ging hinein. Zögernd folgte Marion ihr. Im Haus war alles still. Die Haustür, die früher immer verschlossen war, stand nun auf. Wohlige Wärme und der Geruch von Bohnerwachs kamen ihr entgegen.
Marions Bilder von damals wurden zu Worten: „Jennifer, dort ist das Treppenhaus. Oben unter dem Dach war unsere Gruppe. Wenn wir es eilig hatten und keine der Erzieherinnen aufpasste, dann sind wie das Treppengeländer heruntergerutscht. Unten im Keller ist die Küche und das Waschhaus, drüben die Nähstube. Hier haben wir alles gelernt, was wir für ein eigenständiges Leben brauchten. Schau, hier hängt der große Adventskranz. Damals haben wir uns im Advent jeden Morgen darunter getroffen und gesungen. Das war wirklich schön. Alles andere nur furchtbar: Wir haben gearbeitet und es nie jemandem recht gemacht. Sünderinnen, gefallene Mädchen nannten sie uns. Wir waren die Schwererziehbaren und sie die Heiligen. Aber nicht alle Schwestern und Erzieherinnen behandelten uns schlecht. Es gab auch die liebevollen, geduldigen, die uns zuhörten. Ihnen bedeuteten wir etwas."
„Warum warst du hier, Mama?" fragte Jennifer.
„Weil meine Mutter mich rausgeschmissen hatte. Ihr neuer Freund wollte

was von mir und sie duldete keine Konkurrenz. Komm, ich zeige dir noch etwas." Marion führte ihre Tochter durch lange, stille Gänge hin zur Kapelle. Vorsichtig schob sie die schwere Tür auf, die knarrend nachgab.
Sie knarrt immer noch, dachte Marion. Die Kapelle sah anders aus. Ein Bodenbild mit Kerzen, Rosen und rosa Herzen schmückte die Mitte des Raumes. Neue Stühle waren im Kreis darum gestellt. Viele selbstgemalte Bilder hingen an den Wänden. Im vorderen Bereich der Kapelle hing das Bild der Heiligen Nacht in Bethlehems Stall in seinem schweren Rahmen aus Eichenholz. Marion blieb lange davor stehen, sah sich tief in das Bild hinein.
„Hing das Bild schon damals hier? Kennst du das Bild, Mama?"
„Ja, Jenny. Komm, setzen wir uns für einen Moment."
Sie setzten sich, schwiegen lange, bis Marion die Stille unterbrach.
„Ich war damals 15, jung, auf der Suche nach dem Leben und der Liebe. Ich sehnte mich nach einem Menschen, der nur mir gehörte, mich in die Arme nahm und mir zuhörte. Dann lernte ich einen Jungen kennen. Er lebte in einem anderen Heim in dieser Stadt. Er sagte mir, dass er mich liebte und ich glaubte ihm. Es waren die schönsten Worte, die ich je gehört hatte. Er versprach mir, mich zu heiraten, mich weit fortzubringen von hier. Bei ihm fühlte ich mich so unendlich geborgen. Alle Angst, aller Stress in der Gruppe, alles war wie weggefegt wenn wir zusammen waren. Verhütungsmittel waren hier verboten und tief in meinem Herzen wünschte ich mir ein Kind, etwas, das nur mir gehörte.
Ich wurde schwanger. Den Jungen habe ich nie wiedergesehen. Er wurde in ein anderes Heim verlegt. Ich blieb, so allein wie nie zuvor. Wie sollte es nur weitergehen? Ich hatte keine Freundin hier. Die Schwestern behandelten mich wie Dreck. Ihre Augen, ihre Worte verfolgten mich bis in den Schlaf. Der Mai kam und im ganzen Haus duftete es nach Frühling. Die Nächte waren schon warm, da wollte ich einfach nur weg, in die Freiheit fliehen, fort von der Verantwortung mit einem Kind, fort von mir und meinem Leben. Schon vor Wochen hatte ich einen Fluchtweg entdeckt. Dieses Fenster hier unten in der Kapelle. Es stand Tag und Nacht auf. Ich wartete, bis alles still war, dann schlich ich herunter, öffnete die knarrende Tür und ging herein. Mein Plan schien zu klappen, denn das Fenster war tatsächlich geöffnet. Ein letzter Blick zurück, da sah ich dieses Bild hier. Es hing an der gleichen Stelle, im selben Rahmen. Ich sah Maria mit ihrem Kind in der Erbärmlichkeit dieses Stalles, sah Josef im Abseits, die Hirten und den Engel. Maria war so jung, so jung wie ich. Sie hatte so viel Liebe im Gesicht und für ihr Kind. Leuchtend stand der große Engel auf ihrer Seite. Da spürte ich, wie eine merkwürdige Kraft in mir hochstieg. Der Gott, der hier in diesem Haus strafte und uns unsere Sünden vorhielt, war nur ein Handwerkzeug in den Hän-

den der Schwestern und Erzieherinnen. Das Bild zeigte einen anderen Gott, einen, der auf der Seite der schwachen, der jungen, alleingelassenen Mütter stand. In dieser Nacht hatte er seinen Schutzengel zu mir geschickt, um mich stark zu machen, alles Unerträgliche zu ertragen. So bin ich geblieben. Hier habe dich zur Welt gebracht, Jenny, in der Heiligen Nacht in Bethlehem."

Bevor die Engel singen

Bevor die Engel singen, hast du noch einen weiten Weg vor dir, Maria. Du sollst das annehmen, hinnehmen, was mit dir geschieht. Sollst ja sagen zu einem Kind, das deine Lebensplanung auf den Kopf stellt.

Bevor die Engel singen, hast du noch viele Dinge zu klären, Maria. In einer Welt, die das Wunder zulässt, dass Alte gebären und Schwätzer verstummen. Mit deinem Partner, der trotz deiner Schwangerschaft bei dir bleibt.

Bevor die Engel singen, hast du noch eine lange Reise vor dir, Maria. Die steinigen Straßen, die Umleitungen und Einbahnstraßen hin zu dir und deinem Kind.
Die abweisenden Türen und die Erbärmlichkeit des Stalles.

Bevor die Engel singen, hast du noch eine schwere Geburt vor dir, Maria. Verzweifeltes Klammern, Festhalten an den letzten Strohhalmen, der kalten Erde so nah, ein letztes Atmen hinein ins Leben.

Bevor die Engel singen, lässt du dich von uns suchen, Maria.
In allen Müttern, für die kein Platz in der Herberge ist,
die im Irgendwo der Zeiten dieser Welt den Himmel schenken.

Ich träume für dich das Leben

Gegangen sind sie, die heute kamen.
Friedlich liegst du in meinen Armen.
Ahnst nichts von Dingen, die die Welt bewegen,
schläfst deiner ersten Sternennacht entgegen.

Alle Schritte werden leise,
Träume gehen auf die Reise.
Kleine Hände werden groß,
kleine Füße laufen los.

Kleine Augen sehn die Welt,
kleiner Mund davon erzählt.
Gehst erste Wege ohne mich,
lässt mich zurück, ich suche dich,

weißt, wo du zu Hause bist,
gehst, als die Zeit gekommen ist.
Ich lern begreifen, was geschieht
und wer dich zu den Menschen zieht.

Machst du auch nur eine Rast
bei mir, du himmlisch kleiner Gast,
ist uns nur kurze Zeit gegeben,
heut träume ich für dich das Leben.

Gebet – Himmelskinder

Lieber Vater im Himmel,
du schenkst uns deine Kinder.
Himmelskinder, die nicht immer in unseren Lebensplan passen wollen.
Oft sind sie unerwartet, unerhofft, ungeliebt.
Frauen hohen Alters stellen sie vor eine große Herausforderung.
Junge Frauen fühlen sich oft überfordert.
Junge Mädchen haben Angst, die Verantwortung für ein Kind zu übernehmen.
Begleite die Frauen in der Zeit der Entscheidung für sich und ihr Kind.
Stärke sie wie Maria, und gehe den Weg mit ihnen gemeinsam.
Öffne ihre Herzen für die Wunder, die du tust.
Amen.

Ruth – Das Samenkorn

Mittendrin ein Neubeginn

Ruth – Das Samenkorn

Sommerwind

Als der Frühling starb,
blieb mein Feld
unbestellt.

Leblos schwarze Erde,
verkrustet hartes Schollenmeer,
samenleer.

Dem fremden Pflug
und allen Wettern ausgesetzt,
tief verletzt.

Überm Land der Sommerwind
schickt goldenreichen Samen los
in meinen Erdenschoß.

Sein himmlisch warmer Regen
schenkt reiches Wachsen und verwandelt meine todgeglaubte
Welt in ein Weizenfeld.

Zuhause angekommen

Über dem Sommerland tanzten die Schwalben. Die flirrende Hitze zauberte kleine Pfützen, Trugbilder wohltuender Frische in der staubigen Nachmittagsglut. Wer nur irgendwie die Möglichkeit hatte, ihrem heißen Atem zu entfliehen, versteckte sich in den Häusern und verschlief bereitwillig die Zeit, bis der frühe Abend die ersehnte Kühle brachte.
„Komm doch mit mir hinaus, Mama", quengelte Obed. „Ich muss dir etwas zeigen. Bitte komm mit mir hinaus zum Feld."
„Junge, es ist so heiß draußen, dass wir beide krank davon werden. Lass uns

im Haus bleiben, bitte!" Ruth löste sich von seiner kleinen Hand. Aber Obed gab nicht so schnell auf.
„Bitte Mama, ich habe doch extra für dich etwas gebaut. Wenn wir bis zum Abend warten, kommen Vaters Knechte und werden alles zerstören. Du musst jetzt kommen!" Fernab von aller Vernunft gab Ruth dem Drängen ihres Sohnes nach.
„Na gut, aber ..."
„Fein Mama. Bitte nimm einem Schlauch Wasser und etwas zu essen mit, wir brauchen das für meine Überraschung."

Kurze Zeit später zogen die beiden Hand in Hand die stille, staubige Dorfstraße hinunter zu den Feldern. Ruth träumte an der Hand ihres Kindes. Wie schön es hier ist. Herrlich duftet es nach reifem Getreide, dachte sie. Am blauen Himmel sah sie dem Tanz der Schwalben zu. Sie fühlte sich unendlich sicher und geborgen, wie damals als kleines Mädchen bei ihrer Familie in Moab.
„Wir sind da, Mama. Schau, ich habe für uns ein goldenes Schloss aus Getreideähren gebaut. Ich bin jetzt der König und du bist meine Königin." Obed tanzte um den Ährenschober herum. „Komm, lass uns ein Festmahl feiern."
Ruth setzte sich zu ihm. Gemeinsam aßen, tranken und lachten sie.
„Komm, wir bauen uns ein Kissen aus Strohhalmen!"
Ruth warf gerade das gehäckselte Stroh hoch in die Luft, als sie die fremde Frau am Feldrand bemerkte. Für Sekunden trafen sich ihre Blicke. Ohne Zweifel war die Fremde ein Flüchtling. Heruntergekommen, halb verhungert, sammelte sie mit dem Recht der Armen die liegengebliebenen Ähren auf, um mit den letzten Körnern darin ihren Hunger zu stillen.
Die Kleider in Fetzen, vom Schmutz der Straße schwer, den schwarzen Schweiß der Mittagsglut im Gesicht. Ruth erinnerte sich an die Bilder von damals.
Plötzlich löste sich die Fremde mit ängstlichem Blick, raffte ihre Ähren zusammen, bereit zur Flucht wie ein scheues Tier.
„Bleib", schrie es verzweifelt aus Ruths Herzen. „Hab' keine Angst. Komm her und ruhe dich aus. Wir haben Brot und Wasser."
Nur zögernd kam die Fremde auf sie zu.
Ruth sah ihr ausgemergeltes Gesicht. „Hier trink," sagt sie freundlich und reichte ihr den Wasserschlauch.
Gierig wie ein Tier sog sie ihn leer.
„Setz dich und iss!" Obed staunte nicht schlecht, als er die Frau essen sah.
„Warum hast du denn solchen Hunger?", fragte er sie besorgt.

„Ich habe schon seit Tagen nichts mehr gegessen, Junge."
„Und wo kommst du her?", fragte Obed mit der Neugier eines Kindes.
„Vom Grenzland. Mein Mann ist gestorben. Nun wollen sie mich mit seinem Bruder verheiraten, doch der ist ein harter, böser Mensch. Mir blieb nur die Flucht. Ihr werdet mich doch nicht verraten, Herrin?" Tiefe Angst stand in ihren Augen.
„Ich bin keine Herrin, sondern eine Fremde wie du. Vor neun Jahren kam ich hier an, eine fremde Witwe, kinderlos und hoffnungslos, an der Seite meiner Schwiegermutter. Alles, was wir einst liebten, unsere Männer, unsere Heimat, schien uns für alle Zeit verloren. Ich bin Ruth, die Moabiterin, und du?"
„Ich bin Tamar. Aber du siehst aus wie eine Herrin, nicht wie eine Arme."
„Gott hat mich reich gemacht. Er nahm mich auf, schaffte mir eine neue Heimat, schenkte mir den Glauben an ihn. Durch ihn fand ich die große Liebe. Aus meinem leeren Schoß ließ er neues Leben wachsen. Gott ist mehr als die Almosenähren auf dem Feld, Tamar. Er stillt nicht nur deinen ersten Hunger, er macht dich lebenssatt."
„Hast du nie wieder Sehnsucht nach deinem Zuhause gehabt, nach den Menschen, die du zurückgelassen hast?"
„Ihnen gehören meine Erinnerungen. Dort haben sie einen Raum, aus denen sie niemand vertreiben kann", lächelte Ruth und griff nach der Hand ihres Sohnes.
„Den wahren Schatz meiner Tage halte ich hier an meiner Hand. Das ist Obed, mein Sohn. Er ist das Samenkorn, aus dem mein Leben wächst. Tief in die schwarze Erde gelegt, todesnah, sonnenfern, keimte es und trieb dem Licht entgegen. Seine Wurzeln festverankert, trotzt es allem Wind, hält aller Sonne stand. Ein kleiner biegsamer Halm, eingebettet in goldenem Ährenmeer, der eines Tages reiche Frucht bringen wird."
„Ich will jetzt nach Hause, Mama", drängte Obed.
„Ich gehe jetzt, Herrin und hab Dank für Wasser, Brot und gute Worte." Tamar stand auf, aber Ruth griff nach ihrer Hand.
„Komm mit zu mir, Tamar. Mein Haus ist dein Haus und wenn du willst, dann bist du heute zu Hause angekommen."

Immer wieder neu

Wenn der rauhe Zeitenwind über mein Gesicht hinfegt,
erster grauer Spinnweb sich auf meine Haare legt,
lässt du mit mir zusammen am Himmel deinen Drachen frei,
werd' ich
durch dich
selbst zum Kind. Immer wieder neu.
Wenn der Alltag zur Gewohnheit wird,
Liebgewonnenes plötzlich seinen Glanz verliert,
tanzt du mit mir zusammen wie Luftballons im Wind so frei,
werd' ich
durch dich
selbst zum Kind. Immer wieder neu.

Wenn steinschwere Traurigkeit mein Herz bedrückt,
mir gar nichts passt und gar nichts glückt,
malst du mit bunten Farben mein Gesicht zum Clown.
So als ob nichts sei
werd' ich
durch dich
selbst zum Kind. Immer wieder neu.

Was wär' ich ohne dich, mein Kind, ohne dein Lachen?
Was würd' ich ohne dich, mein Kind, auf dieser Welt nur machen?
Bist meine Insel, auf die ich mich nach allen Lebensstürmen freu.
Nur durch dich
werde ich
selbst zum Kind. Immer wieder neu.

Stern Taler

An diesem Morgen nahm Stella schon früh ein starkes Beruhigungsmittel ein, um den Tag einigermaßen zu überstehen. „Zu Ende", unaufhörlich hämmerte dieser Gedanke in ihrem Kopf, tropfte wie ein lästiger Wasserhahn in der Nacht. Ihre Schwester Isa schlief noch. Isa war gleich nach der Schreckensbotschaft angereist, um in den hellen Stunden des Tages alles Organisatorische zu regeln. Um in den dunklen Stunden Stella in ihren Armen Geborgenheit und Trost zu spenden, bis sie leergeweint dort ihren Schlaf fand.
Die Bilder dieses Tages zogen an Stellas Augen vorbei. Sie war wie in Trance

gewesen. Sie konnte sich nicht mehr erinnern, wer alles zur Beerdigung von Uwe gekommen war. Beileidsbekundungen blieben leere Worthülsen, Umarmungen ließen sie unberührt.
Beim anschließenden Treffen von Familie und Freunden, das ihre Schwiegereltern in einem angesagten Café in Berlin-Mitte organisiert hatten, stand Stella am Rande, zur Schaufensterpuppe verhärtet, dem nackten, kahlen Wechsel eines neuen Kleides ausgesetzt.
„Ich muss weg, Herr Schäfer", sagte sie ihrem Chef und versuchte krampfhaft, die Tränen zu unterdrücken. „Hier erinnert mich alles an meinen Mann. Ständig sehe ich sein Bild, höre seine Stimme auf dem Flur. Ob zu Hause oder in der Firma, ich kann der Erinnerung nicht entfliehen."
„Ich verstehe Ihre Trauer, Frau Taler. Aber unser Konzern verliert sie nur ungern."
„Ich würde gerne weiter für Sie arbeiten. Vielleicht in einer unserer Filialen. Können Sie sich nicht mal umhören, ob nicht irgendwo eine Stelle für eine Betriebswirtin frei ist, Herr Schäfer?"
„Wenn ich Sie schon nicht umstimmen kann, werde ich mich für Sie umhören. Ich verspreche es Ihnen. Wir werden schon etwas Passendes für Sie finden."

So rollte der Umzugswagen im Juli von der Hauptstadt in eine niederrheinische Kleinstadt. Stellas Möbel wurden in einer geräumigen Dachwohnung aufgebaut. Abends sah Stella mit einem Glas Rotwein über das weite, flache Land hinaus. Die Felder leuchteten goldgelb, wogen sich im Sommerwind hin und her. Nach und nach packte sie aus, suchte für die wenigen Erinnerungsstücke einen geeigneten Platz.
Stella ging durch die Straßen der kleinen Stadt, deren Augen sie fremd und geheimnisvoll ansahen. Wenn sie spät abends aus der Filiale zurückkam, zog es sie hinaus in die Weite. Ob mit dem Fahrrad oder zu Fuß, sie musste einfach raus.

„Es ist hier wunderschön, Uwe. Ich wünschte, wir hätten hier gemeinsam gelebt. Abseits der großen Stadt in einem kleinen Häuschen mit Kindern. Aber wir haben unser Leben eben anders geplant. Stress und Erfolg gehörten eben dazu. Vielleicht, nein, bestimmt wärst du noch bei mir."
Im Staub eines Mähdreschers musste Stella anhalten, weil die Tränen ihr zusätzlich jede Sicht nahmen.
„Ist ganz schön staubig hier, nicht wahr? Aber wir müssen uns beeilen, die haben zum Wochenende Regen gemeldet", rief eine Stimme ihr zu. Mit durchschwitztem, staubverschmiertem Oberkörper stand ein Mann hinter ihr.

Typisch Bauer, dachte sie.
„Sie fahren und laufen jeden Abend an meinem Feld vorbei, nicht wahr?"
„Ich wusste nicht, dass es verboten ist", antwortete Stella schnippisch.
„Ist es auch nicht. Sie sind die Fremde, die bei Brüggemanns die Dachwohnung hat, oder?"
„Dieses Dorf besteht wohl nur aus Spitzeln und Spionen, die den Neuzugezogenen auflauern. Find ich schlimm. Ich bin hierhin gezogen, um meine Ruhe zu haben. In diesem Sinne ..." Stella schwang sich auf ihr Fahrrad.
„Dann bis morgen Abend", rief ihr der Mann hinterher.
So ein aufgeblasener Kerl!, dachte Stella empört. Was dem einfällt. Stinkt nach Schweiß und sieht aus, als ob er gerade dem Misthaufen entstiegen ist. Eins ist sicher: Morgen Abend nehme ich eine andere Route.

Am nächsten Abend fuhr sie einen anderen Weg, doch ihre Gedanken blieben auf der alten Strecke. Dummerweise fuhr sie hinter dem Ortsausgangsschild in einen Nagel.

„So ein Mist, und ich habe nicht das richtige Flickzeug dabei!" Als Stella das feststellte, hatte sie bereits das Rad abmontiert. Der Schweiß stand ihr auf der Stirn. Gerade versuchte sie ihn mit ihren öligen, schmutzigen Händen abzuwischen, als sie das Knattern eines Treckers hörte.

„Kann ich Ihnen vielleicht behilflich sein, Fräulein?"
„Sie sind das schon wieder? Ja, allerdings. Sie können mein Fahrrad nach Hause fahren. Meine Adresse kennen Sie ja bereits!"
„Und was ist mit Ihnen? Oder ist Ihnen mein Trecker nicht fein genug?", fragte er, als er ihr Fahrrad auflud.
„Na gut, fahre ich halt auch mit!"
„Vielleicht haben Sie ja Lust, mit mir am Wochenende essen zu gehen. Wir haben hier einen ausgezeichneten Landgasthof."
„Was fällt Ihnen eigentlich ein, Sie dreister Kerl? Meinen Sie, ich hätte Lust, mit einem schmutzigen, nach Schweiß stinkendem Bauern meine Freizeit zu verbringen?" Stella schimpfte aus Leibeskräften.
„Nun, gegen den Bauern kann ich nichts sagen, aber schauen Sie doch mal in den Spiegel, wie Sie aussehen."
Stella schaute in den Außenspiegel des Treckers und erkannt ihr ölig verschmiertes Gesicht. Für einen Moment wusste sie nicht, was sie entsetzlicher fand, ihr schmutziges Gesicht oder ihr Verhalten. Sie sah ihn an. Es schien ihr, als ob ein dicker Knoten in ihrer Kehle platzte, um sich in einem lauten Lachen zu entladen.

„Also bis Freitag. Ich hole Sie gegen 19.00 Uhr ab."
„Aber nicht mit dem Trecker!", rief sie ihm hinterher.

Er kam in seinem Auto, geduscht und sah in seiner Jeans, dem Polo-Shirt und dem Leinensakko eigentlich richtig gut aus. Stella zog mit ihrem nachtblauen Seidenkleid die Blicke der anderen Gäste im Dorfgasthofes auf sich.
„Sie sehen unglaublich aus. Wie von einem anderen Stern, nein, sie sind ein Stern am Himmel, an meinem Himmel."
„Sie können ja richtig romantisch sein, Sie alter Bauer", lächelte Stella ihn an.
„Ich heiße Tom und Sie?"
„Was? Hat der Dorfspionagedienst Ihnen noch nicht meinen Namen gesagt? Ich heiße Stella Taler."
„Stern Taler! Dieser Name passt wunderbar zu Ihnen."
Sie unterhielten sich lange an diesem Abend und an den vielen anderen Abenden auch. Stella bemerkte, dass Tom in ihren Gedanken und Träumen seinen eigenen Platz forderte. Er füllte mit seinem Wesen die schmerzhaften Erinnerungen, die pochende Einsamkeit, die lähmende Stille.

„Du bist zu einem richtigen Landei geworden", stellte Isa fest, als sie Weihnachten zu Besuch kam.
„Wo feiern wir denn Silvester? Gibt es hier irgendwo eine Disco oder einen Club? Sag nicht, wir feiern auf Strohballen in einer Scheune."
„Genau, das tun wir und du glaubst nicht, wie die Leute hier feiern können. Außerdem möchte ich dir jemanden vorstellen, Schwesterherz."
Später musste Isa zugeben, dass sie noch nie so lustig gefeiert hatte.

Zum Jahreswechsel war Stella mit ihrem Sektglas auf das freie Feld gewandert. Feuerwerke erleuchteten den Sternenhimmel.
„Ich liebe dich, Uwe. Ich wünsche dir oben auf deinem Stern ein glückliches, neues Jahr."
Plötzlich spürte sich Stella von einer unglaublich tiefen Geborgenheit umgeben, die sich wie wärmende Arme um sie legte.
„Ich wusste, dass du hier draußen bist. Lass das Vergangene hinter dir, zieh es aus, wie ein altes Kleid und öffne dich für den Himmel. Er lässt für dich Sterne regnen. Willst du?" Unbemerkt war Tom hinter sie getreten. Und ohne auf eine Antwort zu warten küsste er sie.

Auch nach ihrer Hochzeit blieben Stella und Tom Exoten in ihren alten Welten. Aber das war ihnen beiden nicht wichtig. Stella schulte um von Betriebswirtschaft auf Landwirtschaft, fuhr statt ihres Cabrios nun häufiger Trecker.

„Nie hätte ich gedacht, wie sehr ich Stallgeruch und Erntewind liebe", sagte sie überglücklich am Telefon zu ihrer Schwester. „Und es gibt noch eine freudige Nachricht, Isa. Im Herbst bekomme ich ein Kind. Du wirst Tante, altes Haus."
„Stella, Schwesterherz, du bist schon über dreißig", sorgte sich Isa.
„Na und? Ich bin kerngesund. Das Baby wird hier auf dem Hof geboren, so wie Tom damals."
„Ist wahrscheinlich auch noch die gleiche Hebamme, oder?"
„Komm einfach und sieh selbst!"

„Das hast du gut gemacht, mein Kind. Wie eine vom Land!" Isolde, die Hebamme, legte Stella ihre kleine Tochter in den Arm.
„Nun, Tom, was sagst du? Ist zwar noch kein Stammhalter, aber ihr könnt ja noch ein bisschen daran arbeiten", lachte Isolde und verabschiedete sich.
Tom hielt ein Mobile in der Hand. „Das ist für unsere Prinzessin und für dich. Erinnerst du dich?"
Stella strahlte ihn an. „Die Sterntaler. Wie schön, Tom. Das Kind, das alles abgegeben hatte und für das es nun Sterne regnete. Es ist meine Geschichte, denn Stern Taler war mein Name. Aber es ist auch unsere Geschichte. In der Silvesternacht auf dem Feld mit dir. Du hast mir damals gesagt, dass sich der Himmel für mich öffnet, wenn ich dazu bereit bin. Du hattest recht. Heute hat er sich für uns geöffnet und uns mit einem seiner Sterne beschenkt."

Etwas bleibt

Du lauschst der Stimme in dir,
folgst ihrem Gesang,
betrittst den geheimnisvollen Raum des Gestern,
entdeckst dich auf der abblätternden Wandmalerei.
Relikt einer längst vergangenen Zeit,
schemenhafte Bilder verschwinden mehr und mehr.
Umrisse lassen sich erahnen,
das, was ewig schien, macht sich für Neues bereit.

Nichts bleibt so wie es mal war?
Du bleibst!
Dieser Raum in dir bleibt,
sehnt sich nach neuen Farben und Formen,
sucht sehnsüchtig die Berührung des Pinsels auf der kahlen,
kalten Wand,

möchte weit die Türen öffnen,
jeden Sonnenstrahl erfassen,
in seiner Wärme baden
und lange festgesetzte Staubteilchen im Lichte tanzen lassen

Etwas bleibt,
schafft sich neuen Raum in dir,
singt neue Lieder,
lässt sich von dir tragen,
und trägt dich noch viel mehr,
gibt der Freude in dir ein Fest,
formt deinen Leib und
macht dein Leben rund
gemeinsame Wanderer und Weggenossen durch die Zeit.

Anna Ruth Thompson

Bis heute hat sie es nicht fertig gebracht, in das Zimmer zu gehen. Zögernd, zitternd öffnet sie die Tür. Der Lavendelduft der Mutter schwebt über dem Raum, so weich wie ein tröstendes Kissen.

„Ich bin's, Mum", sagt Merryanne, wie sie es immer getan hat, wenn sie den Raum der fast blinden Frau betrat. „Ich öffne jetzt die Vorhänge und lasse für dich die Sonne herein. Der Orangenbaum blüht ganz wunderbar. Wie gerne würde ich dich hinaus in den Garten fahren. Du hast immer so gern alles erfühlt und errochen."

„Mit wem sprichst du, Grandma?", fragt David, ihr achtjähriger Enkel.

„Ich spreche mit Grangran. Auch, wenn sie nicht mehr lebt, ist es für mich so, als wäre sie noch da."

„Es duftet nach ihr, oder nicht?" Davids Blick fällt auf eine große, alte Hutschachtel. „Was ist da drin, Grandma?"

„Ich weiß es nicht, Junge. Hol sie mal rüber. Komm, wir setzen uns auf Grangrans Bett und machen sie auf."

„Vielleicht ist es ja eine Schatzkiste?" Davids Augen funkeln vor Spannung beim Öffnen des alten Verschlusses. „Schau mal, Grandma. Viele Bilder! Wie alt die sind! Wer ist denn die schöne Frau hier?"

„Das ist Grangran als junges Mädchen. Sie kam damals mit einem großen Schiff über das Meer gefahren."

„Warum hat sie denn kein Flugzeug genommen, das wäre doch viel schneller gegangen?"

„Flugzeuge so wie heute gab es damals noch nicht. Sie kam aus Deutschland. Ihr Bruder lebte schon seit einiger Zeit in New York und 1930 holte er

sie rüber. Sie ließ ihre Eltern und eine unglückliche Liebe zurück. Nie mehr sollten sie sich wiedersehen. Was niemand damals ahnen konnte war, dass die junge Anna Ruth Säuberlich ihrer Familie in vielen dramatischen Situationen das Leben retten würde.
‚Ich bin Erzieherin. Meinst du, dass amerikanische Familien eine Deutsche für die Erziehung ihrer Kinder wollen?', fragte sie ihren Bruder Gerhard.
‚Mach dir keine Sorgen, Anni. Ich glaube, ich habe schon jemanden gefunden. Es ist ein Mediziner, der mit Rohkost und gesunder Lebensweise inzwischen Millionen macht. Er hat bereits sechs Kinder und das siebente ist unterwegs. Traust du dir das zu?' ‚Natürlich, das ist wie bei uns zu Hause', lachte sie.
Es folgten arbeitsreiche Jahre für Anni. Die Familie wuchs auf zwölf Kinder an und zog von New York nach Chicago, dann nach St. Luis, dann nach San Fransisco. Anni zog mit, zusammen mit dem Buttler, den Chauffeuren, den Gärtnern und den Hausangestellten. Zuletzt bezogen sie eine große spanische Villa in Venice. In der wenigen Freizeit, die sie hatte, spielte sie als Komparsin in Hollywoodfilmen mit."
„Was ist eine Komparsin, Grandma?"
„Das sind Leute, die bei Filmen im Hintergrund zu sehen sind. Vorne vor der Kamera spielten Ingrid Bergmann und Humphrey Bogart, im Hintergrund saß Anni am Tisch im Café in ‚Casablanca'. Sie war eine wunderschöne Frau."
„Schau, hier ist ein Filmposter. Und hier ... ."
„Ist das Grangrans Hochzeit?"
„Ja, das ist das Hochzeitsbild meiner Eltern: Harold und Anna Ruth Thompson. Sie haben sich am Set in Hollywood kennengelernt."
„ War dein Papa ein Filmstar?"
„Oh nein, David. Er war Kostümschneider. Als ich geboren wurde, machte er sich selbständig mit einer kleinen Schneiderei in LA. Für Grangran war es eine schlimme Zeit. In Deutschland hatte ein böser Mann mit dem Namen Adolf Hitler einen Krieg begonnen. Adolf Hitler tötete viele Menschen. Überall auf der Welt hasste man die Deutschen dafür. Die Nachbarn und Freunde meiner Eltern wandten sich von meiner Mutter ab. Einmal kam sie blutend und weinend vom Einkauf zurück.
‚Die Kinder auf der Straße haben mich mit Steinen beworfen. Es ist hier nicht anders als zu Hause. Da geht's gegen die Juden, hier geht's gegen die Deutschen.' Grangran mied für lange Zeit die Straße. Wir Kinder gingen nun für sie einkaufen. Da wir zu klein waren, ließen sie uns in Ruhe. Aus der Heimat kamen nur wenige Briefe und die waren voller trauriger Nachrichten. Annis Mutter war gestorben, der Mann ihrer Schwester vermisst, der Bruder

wegen seiner politischen Gesinnung im Gefängnis, zwei Geschwister verstorben, ein geistig behinderter Neffe getötet worden. ‚Und ich bin so weit weg und kann ihnen nicht helfen!' ‚Du könntest ihnen auch nicht helfen, wenn du da wärst!', tröstete mein Vater sie, wenn sie sich sorgenschwer in den Schlaf weinte."

„Hat der Krieg sehr lange gedauert, Grandma?"
„Ja, David. Zu lange. Mein Vater musste als Soldat in den Krieg. Beim Sturm auf die Normandie verlor er sein Leben. Grangran sorgte nun alleine für uns. Sie eröffnete ein Altenheim. Alles was sie verdiente, verwendete sie für uns Kinder oder für die vielen Pakete, die Lebensmittel und lebenswichtige Medikamente, Zigaretten und Dollars ins Nachkriegsdeutschland trugen, um vor Hunger zu bewahren und von schwerer Krankheit gesund zu machen. Auf geheimen Märkten gab es für amerikanische Zigaretten alles zu kaufen. Annis Päckchen waren Gold wert."
„Was ist das für eine lustige Schneekugel, Grandma?"
„Das ist die Lorelei. Ein Felsen in Deutschland. Er liegt in einem Fluss, dem Rhein. Anni flog seit den sechziger Jahren oft zu ihrer Familie nach Deutschland, meistens zusammen mit ihrem Bruder. Die Schneekugel ist ein Souvenir aus dieser Zeit."
„Wer ist das Mädchen hier auf dem Bild? Seid ihr dort etwa in Disneyland gewesen?"
„Das ist Annis Nichte. Einmal bekam sie Besuch von ihrer Familie aus Deutschland. Wir hatten eine tolle Zeit zusammen. Das Mädchen spielte Klavier und sang zusammen mit ihr die alten Lieder aus ihrer Heimat. In den letzten Jahren ihres Lebens habe ich sie oft singen gehört. Die deutschen Lieder sind für sie lebendige Erinnerung gewesen."
„Und der kleine Schuh? Ist das deiner, Grandma?"
„Das ist deiner, David. Von allen ihren zwölf Urenkeln hatte sie dich besonders lieb."
„Grandma, ich glaube, wir haben wirklich einen Schatz gefunden. Schau mal, Grangran hat etwas in Deckel geschrieben. Kannst du es lesen? Ich glaube, es ist eine fremde Sprache."
Merryanne versucht, die Worte mit ihren wenigen Deutschkenntnissen zu lesen. Unter ihren Tränen verschwimmen die Buchstaben mehr und mehr.
„Was ist, Grandma? Was steht da?"
„Es ist eine Nachricht für dich. Dort steht: Für David. Erinnerungen an das Leben deiner Urgroßmutter Anna Ruth Thompson."

Meditation: Komm, meine Tochter

In der Enge meines Seins
hältst du den Schlüssel in der Hand, Herr.
„Komm, meine Tochter", sagst du zu mir,
erschließt mir den Weg in die Freiheit.
Vor mir liegt in unendlicher Weite fremdes Land.
Die Bäume tragen zugleich alle Jahreszeiten:
Knospe, Blüte, Frucht und welkes Blatt.
Fluss und Bach winden sich in
Frühlingsflut, Sommerdürre, Herbststurm,
erstarren im Eis des Winters.

Zögernd, im gewohnten Türrahmen verharrend,
traue ich mich nicht hinaus.
Zu fremd erscheint mir deine Welt,
zu unverständlich deine Zeit.
„Komm, meine Tochter", sagst du zu mir,
nimmst mich zärtlich, liebevoll wie ein Kind, mit.
Vorsichtige wage ich die ersten Schritte,
heraus aus meiner alten Sicherheit
und entdecke mit große Kinderaugen:
Du führst mich durch deinen Garten.

Die Mutter eines kranken Kindes – Steh auf!

Die Mutter eines kranken Kindes – Steh auf!

Bilder von dir

Bilder von dir wohnen in meinem Herzen.
Ich bewahre sie dort in einer Schachtel auf.
An Regentagen öffne ich sie.
Viele bunte Regenbogen steigen dann hinaus
und umspannen meine graue Welt mit ihren Farben.
Plötzlich ist der ganze Raum voller Lachen.
Es ist dein Lachen, mein Kind.
Und ich kann nicht anders, als mitzulachen.
Gemeinsam stampfen wir mit unseren Gummistiefeln durch Regenpfützen,
suchen Muscheln am Meer,
schaukeln im Garten hoch und immer höher,
liegen auf der Blumenwiese und warten ganz leise,
bis sich bunte Schmetterlinge auf unsere Nasen setzen.
Wir schauen hinauf in den blauen Himmel.
Der Windhirte treibt weiße Wolkenschafe vor sich her.
Auf dem Weg ins Hoffnungsland halten wir uns an den Händen,
bereit, allen Stürmen zu trotzen.

An deinem Bett

Ich sitze an deinem Bett,
schaue in dein kleines, krankes, windpockiges Gesicht.
Während du schläfst, pinsele ich vorsichtig jede einzelne deiner frechen Pocken mit einer weißen Tinktur ein, damit sie nicht mehr so schrecklich jucken.
Die große Welt bleibt draußen vor der Tür.
Kindergarten und Spielplatz scheinen so unendlich fern.
Um uns herum tanzen Feen und Elfen,
berühren dich behutsam in deinen Fieberträumen,
nehmen dich mit auf ihre Reise.
Mächtige, böse Riesen gilt es zu besiegen.
Da öffnest du die Augen.
„Mama, ich habe geträumt."
Zärtlich streichle ich deinen Kopf.

„Ich weiß, mein Schatz, du hast im Traum gesprochen."
Auf deine heiße Stirn und um deine Waden lege ich feuchte, kühle Tücher.
„Mama, ich habe mit einem großen, bösen Riesen gekämpft."
„Mit richtigen Waffen?"
„Nein, ich habe ihn mit Windpocken angesteckt. Nun liegt er in seinem Riesenbett, jammert schrecklich herum und seine Riesenmama macht ihm grausig kalte Tücher um seine haarigen Riesenbeine und malt ihm mit weißer Farbe dicke, fette, weiße Tupfer ins Gesicht."
„Der arme Riese!"
„Keine Angst, Mama, der wird schon wieder gesund, genau wie ich!"

Frühling am See

Sie trat hinaus in die Stille des Morgens. Friedlich schlief der See, nicht bereit, sich von frühen Fischerbooten wecken zu lassen. Der Bergwind kräuselte sanft das Wasser und brachte den Duft des Frühling mit in das kleine Dorf. Die Bäume am Ufer brachten erste zarte Knospen hervor. Emsige Schwalben flogen dicht über dem Wasser, stärkten sich mit letzten Mücken der vergangenen Nacht, um eilig weiter an ihren Nestern zwischen den alten Gemäuern zu bauen.

Für das alles hatte sie keinen Blick. Alle Schönheit der Natur blieb ihr verborgen. Sie goss die Schüssel mit dem Waschwasser in den See und schlich unsichtbar in Haus zurück. Schon lange mied sie das Gespräch mit den anderen Frauen auf der Straße oder dem Basar. Es schien ihr, als ob auch sie gemieden wurde, sich Unsicherheit und Angst dreist zwischen sie und die Frauen des Dorfes stellten.
„Ihr seid nicht wichtig für mich", sagte sie leise, dabei wusste sie schon, dass sie sich selbst belog.
Im Haus duftete es nach Kräutern. Sie hatte sie in einem Kessel aufgekocht für Tee und ein wohltuendes Reinigungsbad für die Kranke.
„Mama, bist du da?"
Sie hörte aus der Kammer die Stimme ihrer kranken Tochter.
„Ja, mein Kind. Ich komme gleich zu dir und bringe dir deinen Tee."
„Mama, ich will keinen Tee. Mit ist so heiß. Bitte bring mir einen Krug frisches Wasser aus dem Brunnen."
Sie ging an das verschwitze, verwühlte Bett, griff nach der heißen Hand des Mädchens, berührte mit der anderen Hand ihre Stirn.

„Wie herrlich kühl deine Hand ist, Mama. Ich glaube, ich verbrenne", stöhnte sie.
„Du hast Fieber, mein Schatz! Ich laufe zum Brunnen und hole dir Wasser."
Sie lief hinaus, griff hastig nach dem Krug und lief zum Brunnen.
Am Brunnen standen die Frauen mit lauter Krügen, die gefüllt werden mussten. Das hatte gerade noch gefehlt. Es würde eine Ewigkeit dauern, bis sie damit fertig waren, dachte sie. Die Verzweiflung stand ihr ins Gesicht geschrieben.
„Was ist mit dir?", fragte Susanna. „Du siehst aus, als hättest du einen Geist gesehen.
„Ich brauche dringend Wasser", schluchzte sie. „Mein Kind hat wieder hohes Fieber. Bitte, lasst mich vor."
„Natürlich, komm, wir helfen dir beim Schöpfen. Schließlich sind wir alle Mütter, so wie du. Wie geht es der Kleinen sonst? Schon lange wollte ich dich das fragen, aber irgendwie habe ich mich nicht getraut", sagte Sarah mit besorgtem Blick.
„Sie kann ihre Beine nun gar nicht mehr bewegen, dazu immer diese Fieberwellen. Ich weiß mir keinen Rat!" Sie fühlte die salzigen Tränen, die über ihr Gesicht liefen. Ihre Beine gaben kraftlos nach. Susanna fing sie auf.
„Komm, setzt dich. Ruh dich aus, wir füllen deinen Krug."
„Ich verstehe nicht, warum euch der Herr so straft. Schließlich ist dein Mann Jaïrus Vorsteher unserer Synagoge", bohrte die alte Myriam. „Aber wer weiß!"
„Rede nicht so einen Quatsch, Myriam", sagte Susanna wütend und half der weinenden Mutter hoch. „Hör nicht auf so einen Unsinn. Komm, ich helfe dir und bringe dich und deinen Krug nach Hause."
Sie gingen zusammen die Dorfstraße hinauf.
„Wenn ich das alles höre, kann es nur einen geben, der euch helfen kann. Dieser neue Prophet aus Nazareth. Es heißt, dass er im Namen Gottes Wunder tut. Er kommt morgen an den See. Suche ihn auf, er wird dir und deinem Kind helfen. Gott segne dich und dein Kind. Lebwohl!"
Susanne hatte sie bis zur Hautür gebracht.
„Danke für alles, Susanna. Wir werden mehr als ein Wunder brauchen. Ich werde mit Jaïrus sprechen", sagte sie.

Als Jaïrus aus der Synagoge zurückkam, fand er wie so oft den Abendbrotstisch verwaist und leer und seine Frau am Krankenbett des Kindes.
„Und?", fragte er. Ihre Augen waren rot von den Tränen.
„Den ganzen Tag hat sie schon Fieber und es lässt sich nicht senken. Das Fieber wird sie auffressen, wenn nicht ein Wunder passiert."
„Was glaubst du, wie viele Gebete ich schon zu Gott geschickt habe? Herr,

tu ein Wunder, nimm mich, aber lass mein Kind leben."
„Vielleicht ist das Wunder näher als wir glauben. Susanna hat erzählt, dass morgen der fremde Prophet aus Nazareth in unser Dorf kommt. Er tut Wunder im Namen Gottes. Ich flehe dich an, gehe zu ihm. Gib ihm all unser Erspartes, was er auch will, aber er soll kommen und unser Kind gesund machen."

An diesem Morgen zog Jaïrus sehr früh los, um dem Mann aus Nazareth entgegen zu gehen. Wirre Gedanken tobten durch seinen Kopf. Was würden die Pharisäer und Schriftgelehrten sagen, wenn sie hörten, dass der Synagogenvorsteher diesen Propheten aufsucht, der sich als Sohn Gottes bezeichnet? Und wenn er wirklich Gottes Sohn ist, hat er dann auch die Kraft, seine geliebte Tochter gesund zu machen? Was ist, wenn er ihn nicht findet? Nur kurze Zeit später sah er den Propheten inmitten einer großen Menschenmenge vor sich auf dem Weg.
„Lasst mich durch! Ich muss zu ihm."
Mit übermenschlicher Kraft schob sich Jaïrus durch die Menschenmassen hindurch. Strauchelnd fiel er vor ihm in den Staub.
„Herr, bitte komme schnell. Mein Kind liegt im Sterben. Nur du kannst es retten!"
Der Mann aus Nazareth lächelte ihn an. „Lass uns gehen und nach deinem Kind sehen!" sagte er mit sanfter Stimme.

Sie wartete zu Hause bei ihrem Kind, das leblos starr im Bett lag. Susanna und Sarah waren gekommen, um nach ihr zu sehen. Statt des gemeinsamen Gebetes blieb ihnen nur noch die Totenklage.
„Warum hast du nicht nach dem Propheten geschickt?", fragte Susanna vorwurfsvoll.
„Das habe ich ja. Jaïrus ist schon seit Stunden unterwegs. Ich habe noch einen Diener hinterhergeschickt. Ich weiß nicht, wo er bleibt", weinte sie.
„Was ist das? Sind das nicht Stimmen vor dem Haus?"
Sie stürzte nach draußen, klagte, schrie alle Verzweiflung aus sich heraus.
„Sie liegt da drin wie tot. Wo warst du so lange, Jaïrus?"
„Der Herr hat auf dem Weg hierher eine kranke Frau gesund gemacht. Vertraue seiner Kraft."
Der Mann aus Nazareth nahm ihre Hand. „Kommt mit hinein."
Der Herr schaute das Mädchen an, dann die Eltern. „Habt keine Angst, es schläft nur!", sagte er.
Wie konnte er das sagen? Ihre Tochter war tot. Aus der Mutter brach ein verzweifeltes Lachen hervor. Da ging der Mann aus Nazareth an das Bett des

Kindes, nahm die blasse, kalte Hand und sagte: „Mädchen, steh auf!"
Und im selben Augenblick geschah das Wunder, das sie niemals vergessen würde: Ihre todgeglaubte Tochter öffnete die Augen und versuchte, aufzustehen.
„Sie ist sehr schwach", sagte er. „Ich gebe sie nun zurück in eure Hände. Gebt ihr zu essen und sorgt gut für euer Kind. Was ich für euch getan habe, muss niemand wissen. Schaut nicht so erschrocken, habt ihr Gott, meinen Vater, nicht um ein Wunder gebeten? Ich bin gekommen, um dieses Wunder geschehen zu lassen."
Als sie am nächsten Morgen in aller Frühe aus dem Haus trat, duftete es nach Frühling. Sie winkte den Fischern auf dem See zu, reckte und streckte sich dem Bergwind entgegen.
„Gott, ich danke dir für das Leben unseres Kindes. Ich danke dir, dass du unsere Gebete erhört hat. Ich danke dir für deinen Sohn und dafür, dass ich diesen Frühling zusammen mit meinem Kind erleben darf."

Ich muss stark sein!

Diagnose und Therapie
haben mir eine Infusion angelegt.
Auf der Flasche steht:
Ich muss stark sein!
Die Lösung soll angeblich aus der optimalen Zusammensetzung
verschiedener Wirkstoffe bestehen
und streng auf meinen Bedarf abgestimmt sein.
Unablässig tropft es durch meine Venen,
erreicht mein Herz, meinen Verstand,
vernebelt wie eine Droge alles Tun und Handeln.
Es wirkt. Es funktioniert.
Ich kann
Wirken bewirken,
funktional funktionieren.
Mit dieser „Ich-muss-stark-sein – Infusion"
kann ich
lächeln, wenn mir zum Heulen zumute ist,
durchhalten, wenn ich nur noch zusammenklappen kann,
fröhliche Nachrichten ausplappern, wenn ich lieber mit dir schweigen möchte.
Du kennst mich, mein Kind,
und nimmst mich liebevoll in deinen Arm.
„Stell das Zeug ab, Mama. Es hilft keinem von uns.

Lüge mich nicht an, bleibe so, wie ich dich liebe:
sanft, behutsam, zärtlich, verletzbar,
keine Puppe, sondern meine Mutter.
Lass uns gemeinsam weinen und lachen
und zusammen herausfinden,
was uns stark macht.

Ein Herz für Tina

Viele wunderbare, einzigartige Menschen begegnen uns unerwartet, einfach so. Sie stehen vor uns und schon ihre Ausstrahlung verrät ihre Besonderheit.
So begegnete mir Tinas Mutter an einem grauen Januartag bei einem Treffen mit Religionslehrern unseres Kirchenkreises. Wir waren zu Gast im Zentrum für Angehörige von Organtransplantierten. Tinas Mutter gründete diese Vereinigung nach einer eigenen persönlichen Tragödie in ihrer Familie.
„Wissen Sie, es bringt nichts, wenn ich Ihnen etwas über unserer Arbeit erzähle", begann sie, „ich erzähle ihnen aus meinem Leben und dann werden Sie verstehen, warum Sie heute hier sind. Vor 22 Jahren stellten die Ärzte bei meiner dreijährigen Tochter Tina einen schweren Herzfehler fest. Für meinen Mann und mich, ich war zu der Zeit mit unserem dritten Kind schwanger, war dies ein unglaublicher Schock. ‚Können Sie nicht operieren? Die Medizin ist doch so weit, dass es irgendeine Lösung geben muss!' Der Arzt schüttelte nur den Kopf und ließ uns allein. Tina lag zu der Zeit in der Uniklinik. Jeden Tag fuhr ich hin. Nachts wechselten mein Mann und ich uns am Krankenbett ab. Zu Hause ging der Alltag weiter, mein erstes und mein drittes Kind forderten mich auf unterschiedliche Weise: Das eine sorgte für dicke, schwere Beine und nötigte mich zur Ruhe, das andere weckte mich auf, forderte Spielzeit und Zuwendung. Darüber hinaus der Haushalt. Ich weiß nicht, wie ich damals alles geschafft habe. Zu Weihnachten durfte Tina nach Hause, angeschlossen an einen Herzmonitor. Das Kind gewöhnte sich bald an die Maschine. Im Kindergarten wurde eine Krankenschwester eingestellt, die Tina genau beobachtete.

Zwischendurch kam unser Sohn zur Welt. Tina holte sich einen grippalen Infekt im Kindergarten und musste wieder ins Krankenhaus zurück. Mein Mann suchte in seiner wenigen Freizeit fieberhaft nach Ärzten und Medikamenten. ‚Es muss doch irgend etwas geben, was dem Kind hilft!', sagte er verzweifelt, wenn er spät nachts ins Bett ging. Die Sorge um Tina umgab uns überall, legte sich wie ein dicker, erstickender Mantel über unser Leben. Wir drehten uns nur um uns selbst. Familie, Freunde und Verwandte blieben fort.

Drei Jahre vergingen mit Hoffen und Bangen. Tina und ihr Herzmonitor feierten den ersten Schultag. Die Krankenschwester saß in der letzten Bank, Tina in der ersten, mit einem Infektionsschutz vor Mund und Nase. Sie fand Freunde, die behutsam und vorsichtig mit ihr umgingen. ‚Du bist weiß und fein wie eine Feder', sagte ihre Freundin Jasmin und schuf den Spitznamen ‚Federchen'. Im heißen Sommer dieses Jahres musste Tina erneut in die Uniklinik. ‚Ich habe keine guten Nachrichten', sagte uns der Professor. ‚Der Verfall von Tinas Herzen schreitet schneller voran, als wir vernutet haben.' ‚Es gibt bestimmt eine Lösung. Etwas, woran wir noch gar nicht gedacht haben', sagte ich. Ich konnte doch nicht so einfach mein Kind aufgegeben. ‚Sie haben recht. Es gibt noch eine Möglichkeit: Wir brauchen ganz schnell ein Spenderherz für Tina.' ‚Das dauert doch ewig! Ich habe darüber gelesen. Alles muss genau passen und es gibt kaum Spenderorgane. Sie glauben doch selber nicht, dass wir von irgendwo ein Herz bekommen, oder?' Mein Mann wandte verzweifelt den Blick ab. ‚Wenn Sie als Eltern einer Organtransplantation zustimmen, werde ich alles erdenklich Mögliche für Tina tun. Glauben Sie mir!'
Zermürbende Wochen des Wartens vergingen. Tinas Daten lagen bei Eurotransplant in Leyden vor. Ihr Name stand ganz oben auf der Liste. Von Tag zu Tag verschlechterte sich ihr Zustand. Meine Eltern waren zu Hause bei uns eingezogen. Ich wich nicht mehr von Tinas Seite. Einmal ging ich hinunter in die Kapelle und zündete eine Kerze an. Der große Wandbehang am Altar zeigte das Bild eines kranken Kindes. Jesus hatte seine Hand gegriffen und zog es zu sich hoch. Ich bin keine Kirchgängerin, aber in diesem Moment habe ich wirklich gebetet: ‚Jesus, bitte hilf meinem Kind.'
Als ich zurück zu Tina ging, kam eine der Schwestern gerannt. ‚Wo waren Sie? Wir haben Sie überall gesucht. Schnell, ab zum Professor. Es gibt in Chicago ein Spenderherz für ihr Kind!' ‚Rufen Sie meinen Mann an!', sagte ich und lief zum Professor.
Ich sah ihn an und er nickte. ‚Wir haben ein passendes Herz gefunden. Ein Junge in Tinas Alter hatte einen Verkehrsunfall. Sein Herz ist unverletzt und auf dem Weg hierher. Wir bereiten jetzt alles vor.' Ich bin ihm damals um den Hals gefallen. Aber das Herz war noch nicht da. Ein schwerer Sturm über dem Nordatlantik zwang den Piloten, seine Flugroute zu ändern. Die Maschine kam mit dreistündiger Verspätung nicht wie erwartet in Düsseldorf sondern in Frankfurt an.

Der dünne Lebensfaden unseres Kindes war bis zum Zerreißen gespannt. Würde das Transportfahrzeug mit dem Spenderherzen noch pünktlich eintreffen? War das Spenderherz noch in gutem Zustand? Mein Kreislauf machte schlapp. Sie legten mich auf eine Liege. Mein Gedankenwirrwarr vermischte Realität und Phantasie. Ich sah das Bild aus der Kapelle, die Hand von Jesus, die die Hand des Kindes hielt, um es aufzurichten. Das Kind hatte mal Tinas und mal mein Gesicht. ‚Schatz, hörst du mich?' Aus der Ferne hörte ich die Stimme meines Mannes. ‚Das Herz ist da! Sie operieren gerade!' Ich öffnete die Augen und blinzelte in das kalte, weiße Krankenhauslicht. Wir umarmten uns lange und weinten uns aus.

Tinas Herz schlägt noch heute. Sie studiert Germanistik und ist eine fröhliche junge Frau. Auf diesem Bild ist sie zusammen mit einer Freundin auf einer Trekkingtour durch Spanien."
Tinas Mutter gab das Bild herum. Langsam löste sich der Knoten in meinem Hals.
„Die Jahre mit Tinas neuem Herzen waren nicht einfach. Jeder Schnupfen machte uns Angst, dass ihr Körper das Organ abstoßen könnte. In dieser Zeit begann ich, Treffen für Familien Organtransplantierter zu organisieren. Es gab immer so viel zu erzählen. Wir entdeckten unsere gemeinsamen Freuden und kämpften mit so machen Traurigkeiten. Diese Gemeinschaft machte und stark. Aus ihr wurde diese Organisation. Unsere Arbeit beginnt im Begleiten von Eltern und Patienten durch die Zeit des Wartens auf das Spenderorgan. Wir sind bei ihnen in der Zeit der OP und in den Jahren danach. Inzwischen sind wir eine anerkannte Organisation, arbeiten mit internationalen Kooperationspartnern und werben dafür, dass mehr Menschen einen Organspenderausweis tragen. Ich habe alle Fakten für Sie und Ihre Schüler in der vor Ihnen liegenden Mappe zusammengestellt!"
Tinas Mutter beeindruckte uns in ihrer fachlichen Sachlichkeit genauso wie in ihrer persönlichen Nähe.
Viele beeindruckende Menschen begegnen uns unerwartet. Ich besitze seit der Begegnung mit Tinas Mutter einen Organspenderausweis.

Gebet – Erste Schritte

*Lieber Vater im Himmel,
du selbst hast deinen Sohn leiden und sterben gesehen.
Du hast seinen Tod nicht verhindert,
damit wir durch ihn an seiner Auferstehung teilhaben können.
Wir glauben daran,
doch jetzt, da unser Kind schwer krank ist,
bitten wir dich, flehen wir zu dir:
Mache es wieder gesund.
Es ist noch nicht lange her,
dass es seine ersten Schritte ging,
sein erstes Lied sang,
wir zusammen im Sandkasten spielten,
die Stützräder des kleinen Fahrrads abmontierten,
die Schultüte zum ersten Schultag packten.
Wir sind erst einen so kurzen Weg gemeinsam gegangen.
Schenke unserem Kind das Leben!
Richte unser Kind wieder auf!
Hilf ihm, wieder erste Schritte tun zu können.
Halte unser Kind, halte uns als Familie an deiner Hand,
wohin du uns auch führen willst.
Amen.*

Hanna – Du lädst mich zum Tanzen ein

Späte Mütter

Hanna – Du lädst mich zum Tanzen ein

Endlich

*Ich halte dein Bild in der Hand.
Im Nebel des Ultraschalls entdecke ich dich
in Umrissen, Schatten und Konturen.
Vor Freude schlägt mir das Herz aus dem Hals.
Meine Füße berühren kaum noch den Boden.
Ich schwebe, tanze den cremefarbenen Marmor
des Treppenhauses hinunter.
Dazu summe ich das Lied, das „Endlich" heißt.
Ich öffne die Tür.
Vor uns liegt die Welt,
aufgeschlagen wie ein Buch mit weißen Seiten.
Du und ich werden sie füllen
mit Worten der Liebe und des Lebens.*

Aufforderung zum Tanz

*Am Rand der Tanzfläche
wartest du.
Dir gehört der letzte Walzer,
denn den Tanz eröffnet er mit einer anderen.
Ihnen klatscht das Leben Applaus.
Da lösen sich seine Blicke von ihr,
suchen dich, lassen dich gleichsam
Liebe und Verlassenheit spüren.
Auch ihre Augen treffen dich,
bohren sich schmerzhaft
in die Leere deines Inneren.
Leise fragst du nach dem Warum.*

Du gehst hinaus
und begegnest dem Himmel.
In seiner Stille wird alles Unerhörte laut,
alles Erbetene wahr.
„Ich möchte tanzen", sagst du. „Schweben, dahingleiten,
nur für eine kleine Weile. Bitte, tanze mit mir."
Da öffnet der Himmel seine Arme,
hebt dich auf, hält dich sicher und geborgen.
„Du möchtest tanzen? Darf ich bitten!"
Und er führt dich empor, über alle Welt
den Sternen entgegen.

Erbeten

Die letzte Wehe lag hoffnungsschwer über dem Bergland von Ephraim. Noch einmal verkrampfte sich Hannas verschwitzter Körper, um in einem Freudenschrei das Kind ins Leben zu pressen. Das Kind schrie aus Leibeskräften.

Für mich klingt es wie ein langersehntes Lied, das das dürre Land nach dem Frühlingsregen singt, wie Tropfen, die auf die staubigen Steine fallen, dachte Hanna.

Im stickigen Zimmer mischte sich der Geruch von Geburt und den Kräutern am Herd.

Das lebhafte Schwatzen der Frauen, die bei der Geburt geholfen hatten, erfüllte den Raum mit heller Freude. Sie wuschen Hanna und ihr Kind. Zogen ihr ein reines Gewand an und wickelten das Kind. Singend reinigten sie das Lager. Dann legten sie Hanna das Kind in den Arm.

„Was für einen wunderschönen Jungen du hast, Hanna. Elkana wird mächtig stolz auf dich sein. Wir gehen jetzt und holen ihn. Die nächsten Stunden gehören nur euch. Wir sehen morgen nach dir."

Die Frauen gingen, nahmen die Tücher und Laken der Geburt mit hinaus.

„Ich danke euch für alles!", sagte Hanna glücklich.

Liebevoll sah sie ihren Sohn an.

„Ich danke dir, Gott, dass du meine Gebete erhört hast. Du hast mich aufgehoben, als ich am Boden lag. Mich aufgerichtet und stark gemacht. Danke für dieses wundervolle Kind, das du in meine Arme gelegt hast. Ich weiß, was ich dir vor neun Monaten in Silo versprochen habe. Damals, als ich von den Kränkungen und Verletzungen der anderen am Boden lag, als mich die Worte Peninnas, der Kinderreichen, quälten. Sie, die Elkana mit Kindern beschenkte, ließ mich ihren Hass und ihre Eifersucht immer wieder spüren.

Musste sie doch erfahren, dass er mich mehr liebte als sie. Selbst er, der Mann meiner Liebe, verstand nicht, dass er mich bei allen Gefühlen, die er aussprach und mir zeigte, nur noch tiefer in den Strudel der Verzweiflung hinunterriss."

Hanna legte den Säugling an ihre Brust. Sein kleiner Körper lag auf ihrem Herzen, immer wieder trafen sich ihre beiden Herzschläge zu einer gemeinsamen Lebensmelodie. Sie spürte, wie er trank. Mit seiner kleinen Hand hielt er ihren Finger fest umklammert.

„Trink dich nur satt, mein Kind. Wir brauchen alle unsere Lebensquellen. Ich habe meine bei Gott gefunden. Erniedrigt, mit der Sprache der gedemütigten Frauen, ging ich mit ihm ins Gebet. Mit dem letzten Mut meines Herzens bat ich Gott um dich, du Kind, und den Sinn meines Lebens. ‚Herr, ich bitte dich um dieses Kind. Ich nehme es als dein Geschenk an und gebe es dir eines Tages zurück in deine Hände.', so sprach ich. Doch die Sprache der Erniedrigten ist nicht immer die Sprache der Geistlichen. Eli, der Priester des Heiligtums, verstand mich nicht. Wie sollte er auch? Für ihn war ich nichts weiter als eine lallende, betrunkene Frau. So wurde er zornig, herrschte mich an, statt für meine verwundete Seele zu sorgen. Erst, als ich unter Tränen zusammenbrach und ihm von meinem Kummer erzählte, erfüllten mich seine Worte mit Hoffnung. ‚Geh im Frieden Gottes. Du hast ihm dein Herz ausgeschüttet und er hat dein Weinen gehört. Gott wird dir deinen Wunsch erfüllen', sagte er.

So ging ich zurück ins Leben. Mit dir, mein Kind, haben sich alle Gebete, alle Wünsche und Träume erfüllt. Ist unsere gemeinsame Zeit auch nur kurz, so wird sie doch zur schönsten Zeit unseres Lebens, nicht wahr?"

Zärtlich küsste Hanna ihr Kind.

„Darf ich euch beide stören?" Elkana trat ein. Hanna legte ihr Glück in seine Arme.

„Das ist also unser Sohn. Was für ein wunderschöner, kleiner Mensch. Ich liebe dich, Hanna. Wie soll er denn heißen?" Hanna lächelte tief und zufrieden. „Samuel. Von Gott erbeten."

Mit dir allein

Alle sind heut fortgegangen
und wir beide sind allein.
Komm, lass uns die Sonne fangen,
wir laden sie zum Tanzen ein.

Kleine Füßchen drehen sich,
schwarze Löckchen wehen im Wind.

Tief in mir sehne ich mich
bereits schon jetzt nach dir, mein Kind.

Meine Hände halten deine,
lachend fliegst du deine Kreise,
doch schon bald bin ich alleine
und du gehst auf deine Reise.

Du lachst mich an, erspürst mein Denken,
als ob du alles schon verstehst.
So kann ich dich dem Himmel schenken,
weil ich weiß, wohin du gehst.

Lebenstänzerin

In einem Stapel Werbeprospekte fand Johanne den Brief. Nun ist es also tatsächlich soweit, dachte sie. Sie ging ins Haus und rief mit der „Räum-dein-Zimmer-auf – Stimme" nach ihrer Tochter.

„Tabea, komm runter! Post für dich!"

Mit der entsprechenden Zeit, die eine Neunzehnjährige braucht, um ein Stockwerk tiefer in die Wohnküche zu kommen, erschien Tabea in Socken und Bademantel.

„Was ist?", gähnte sie verschlafen.

„War wohl eine lange Nacht gestern?", meinte Johanne und griff nach der Kaffeekanne und Tabeas Bärentasse.

„Wir haben uns gestern mit ein paar Leuten aus meiner Abiklasse getroffen. Einige gehen zum Studieren weg. Ein paar Jungen zum Bund oder machen Zivildienst. Da haben wir eben Abschied gefeiert und nicht auf die Uhr geguckt. Alle haben was, nur ich noch nicht. Langsam frage ich mich, ob das wirklich eine so gute Idee war, mit diesem freiwilligen Jahr."

„War es! Schau mal, der Brief ist heute gekommen!" Johanne wedelte damit vor Tabeas Augen.

„Super. Gib mal her! Mal sehen, was die geschrieben haben."

„Und?"

„Sie nehmen mich. In sechs Wochen kann ich anfangen! Allerdings nicht in der Grabpflege, sondern in einem Altenheim für ehemalige KZ-Opfer in Israel!"

Johanne musste bei dem Gedanken schlucken. Tabea, die so wenig vom Leben wusste, sollte in eine solche Einrichtung gehen?

„Kind, ob das etwas für dich ist?"

Tabea füllte sich aus der Warmhaltekanne ihre Bärentasse voll Kaffee und setzte sich mit dem Brief an den Küchentisch. Sie las ihn noch einmal.
„Klar mache ich das. Ich habe zwar keine Erfahrung, aber das kriege ich schon hin."
„Überleg dir das gut. Du bist schließlich eine Deutsche. Die alten Menschen dort haben zurecht großen Zorn auf uns. Vielleicht lassen sie dich das so richtig spüren."
Johanne fing an, sich Sorgen zu machen.
„Dann werde ich ihnen eben zeigen, dass ich anders bin und ihnen die Chance geben, mich erst einmal richtig kennenzulernen."
„Und wenn das nicht klappt? Dann bist du weit weg von zu Hause ... ."
„Hör auf, mich zu beglucken, Mama. Ich werde das schon schaffen. Schließlich bin ich deine Tochter." Tabea nahm den Kaffee mit nach oben in ihr Zimmer, um im Chat und per Telefon allen Freunden mitzuteilen, dass sie sich in sechs Wochen aus Deutschland verabschieden würde.
Abends kam Jörg nach Hause. Johanne erwartete ihn an der Tür.
„Was machst du für ein Gesicht? Ist jemand gestorben?", fragte er und küsste ihr deprimiertes Gesicht. Tabea kam die Treppe heruntergelaufen, griff an der Garderobe nach ihrer Jacke.
„Hallo Paps! Leider ist keiner gestorben. Das wäre Mama nämlich lieber. Stattdessen gehe ich in ein Altenheim nach Israel. Dort leben ehemalige KZ-Opfer, die nur darauf warten, mich fertig zu machen. Aber eins sage ich euch gleich: Ich fahre trotzdem. Und jetzt bin ich bei Jasmin ..." Tabea sah in die Gesichter ihrer Eltern. „... und wann ich nach Hause komme, weiß ich nicht und ich habe den Haustürschlüssel dabei." Ein Tschüss, und sie war verschwunden.
„Was gibt es zu essen?," fragte Jörg.
„Dass du aber auch immer ans Essen denkst", schimpfte Johanne.
„Pass auf, mein Schatz. Ich esse jetzt eine Kleinigkeit und dann setzen wir uns mit einer Flasche Rotwein zusammen an den Kamin und besprechen alles", schlug er vor.
„Ich habe es damals versprochen und heute erinnert er mich daran", stellte Johanne später beim zweiten Glas Bordeaux fest. Tränen stiegen ihr in die Augen.
„Wem hast du was versprochen? Nun weine doch nicht, Johanne!" Jörg nahm sie in die Arme, um sie zu trösten.
„Ich habe es Gott versprochen. Damals auf der Frühgeborenenintensivstation, als Tabea so zart und zerbrechlich war und niemand daran glaubte, dass sie überleben würde. Ich bin in die Kapelle gegangen und habe gebetet. ‚Lieber Gott, du hast meinem Kind das Leben geschenkt. Bitte beschütze es,

dann gebe ich es dir eines Tages zurück.' Mein Gebet ist erhört worden und nun fordert Gott unser Kind zurück."
„Johanne, hat Gott uns nicht wunderbare Jahre mit unserer Tochter geschenkt? Sie ist eine fantastische junge Frau auf dem Weg in ihr eigenes Leben. Wie gut, dass Gott ihr Begleiter ist und mit ihr gehen will. Wir dürfen sie loslassen und sie getrost in seine Hände geben", sagte er und reichte ihr sein großes Taschentuch.
„Ich wusste gar nicht, dass du so ein gläubiger Mensch bist, Jörg." Johanne schluchzte in das Tuch hinein und trocknete sich die Augen.
„Sprich mit Tabea und lass sie gehen. Macht euch beiden das Herz nicht schwer. Wenn Tabea es möchte, fliegst du im Herbst zu ihr und siehst, wie es ihr geht."

An einem Sommerabend brachten sie Tabea zum Flughafen. Sie sah aus wie eine erwachsene Frau. Nie zuvor hatte Johanne sie so gesehen.
„Ich hab dich lieb, Mama!", sagte sie beim Abschied und hielt die Mutter liebevoll und lange in ihren Armen. „Danke für alles, was ihr mir geschenkt habt. Ich werde es brauchen, besonders eure Liebe und Geduld. Lebwohl Paps!" Mit ihrem gewohnt feuchten Kinderkuss verabschiedete sie sich und rannte wie der Wirbelwind der Passkontrolle entgegen. „Bis Oktober, Mama. Ich freue mich, wenn du kommst. Wir machen dann Urlaub am Meer." Sie winkte ein letztes Mal und verschwand.

Johanne und Tabea gingen am Strand entlang. Der Morgenwind wehte in Johannes weites, weißes Kleid.
„Du bist schön, Mama!", sagte Tabea. „So entspannt und so frei wie heute habe ich dich noch nie gesehen."
„Ich bin glücklich, Kind. Es ist so gut zu sehen, dass du hier zufrieden und glücklich bist. Ich habe dich in die richtigen Hände gegeben."
„Ich glaube, ich versteh gerade nicht, wovon du sprichst, Mama."
„Damals, als die Ärzte um deine kleines, junges Leben kämpften, habe ich Gott versprochen, dich einst wieder in seine Hände zurückzugeben. Jahrelang hatte ich Angst vor diesem Tag. Wie dumm von mir. Weiß ich doch, wie sehr er dich liebt und dich beschützt. Nun bin ich frei von aller Sorge. Komm, lass uns das Leben tanzen." Johanne tanzte zwischen Wellen und Meer.
„Ich bin frei! Komm, mach mit, mein Kind. Fühl den Wind und fühl Gott. Spürst du, wie er dich trägt?"

DU bist einzigartig

DU hast mein Leben gut gemacht.
Als ich niedergeschmettert am Boden lag,
hoffnungslos und verzweifelt,
da hast du mir unter die Arme gegriffen und mich wieder aufgerichtet.

DU hast mich stark gemacht.
Ich bin die Siegerin,
die zuletzt lacht,
mit deiner Freude in meinem Herzen.

DU bist einzigartig.

DU hast mich groß gemacht vor den Mächtigen der Welt.
Alle Pläne, alle Regeln und Gesetze machst du zunichte.
Arm und reich, krank und gesund, jung und alt, siegen und gewinnen definierst du neu.

DU hast mich zur Mutter gemacht.
Durch dich sehe ich Elend und Verachtung mit anderen Augen,
entdecke die Liebe deiner Schöpfung neu,
fühle mich geliebt und gehalten.

DU bist einzigartig.

DU hast mir meinen Weg gezeigt.
Ohne dich läuft alles aus der Bahn.
Menschen und Naturgewalten hältst du in deiner Hand.
Und DU nimmst dich meiner an.

DU bist einzigartig.

Die Nachtigall

Zuerst wollte Kristina es gar nicht wahr haben.
„Sie sind schwanger, Frau Rabiensky. Auch mit 39 Jahren nichts Ungewöhnliches", Dr. Krasac lächelte sie an.
„Das wird für meinen Mann aber eine Überraschung. Wissen Sie, seine beiden Kinder aus erster Ehe sind schon fast erwachsen. Nach all den Jahren haben wir gar nicht mehr damit gerechnet, selber noch Kinder zu haben. Ich hatte mich schon damit abgefunden. Aber jetzt!"
„Jetzt freuen Sie sich erst mal und geben Sie ihrem Mann etwas von ihrer Freude ab." Doktor Krasac sah sie durch seine dicke Hornbrille liebevoll an. „Wir sehen uns dann in einem Monat zu einem Kontrolltermin. Auf Wiedersehen."

Kristina zog sich ihren Mantel an. „Auf Wiedersehen", flüsterte sie und ging leise hinaus. Der Winter hatte Posnan sein weißes, kaltes Kleid übergeworfen, doch für Kristina hielt die ganze Welt einen Moment lang inne. Alle Hast dieses Dezembernachmittags schien zur Ruhe zu kommen. Ins Sonnenlicht getaucht, bekam die Alltäglichkeit des lärmenden Straßenverkehrs und der hetzenden Berufstätigen ein neues Bild. Kristina atmete tief durch. Nie hatte der Winter so gut geduftet.
Das wohlbekannte Signal der Straßenbahn holte sie aus ihren Träumen zurück.
Dicke Funken sprühten von der vereisten Oberleitung. An der Haltestelle stieg Kristina ein, suchte sich behutsam zwischen den Fahrgästen einen Platz. Ich bin schwanger, ging es durch ihre Gedanken, immer wieder und wieder. Je öfter sie es sich sagte, um so fröhlicher klang es. „Ich bin schwanger", sagte sie leise.
„Herzlichen Glückwunsch!" antwortete des Herr neben ihr.
Sie schaute ihn verdutzt an. „Glückwunsch? Wozu?", fragte sie erstaunt.
„Na, zu Ihrer Schwangerschaft!"
„Woher wissen Sie das? Sieht man mir schon etwas an?"
„Sie haben es gerade gesagt! Ich muss hier aussteigen. Entschuldigung!"
Kopfschüttelnd schob sich der Mann zum Ausgang. „Frauen sind einfach unglaublich, besonders, wenn sie schwanger sind!", murmelte er.

„Du bist einfach unglaublich! Schwanger, mein Gott, wie ich mich freue!" Ihr Mann Kristof hob sie in die Luft und drehte sie.
„Nicht so schnell, mir wird schwindelig", lachte sie.
„Ja, du hast recht. Wir müssen ganz vorsichtig sein. Er trug sie zur Couch und legte sie zärtlich zwischen den Kissen ab. „Warte, ich hole dir eine Decke!" Besorgt lief er ins Schlafzimmer und kam mit zwei dicken Wolldecken heraus.
„Kristof, ich bin schwanger und nicht krank. Also bitte."
„Du glaubst nicht, wie glücklich ich bin", sagte er. „Komm, rutsch ein bisschen!" Er nahm sie in die Arme und beide gaben sich ihren Träumen hin.
Kristina träumte, dass sie mit einem Kind an der Hand in eine Kirche ging. Alle Frauen sahen sie an. Sie fühlte sich unglaublich stark und hielt allen Blicken stand.
Sie zündete eine Kerze an und dankte Gott: „Herr, ich danke dir für meinen Sohn. Er ist ein Geschenk des Himmels. Ich werde nie vergessen, was du für mich getan hast."
Kristof träumte, dass er, wie einst sein Vater, mit seinem Sohn zum Fußballspielen ging. Er feuerte seinen Sohn an, der ein Tor nach dem anderen

schoss. Der Junge schaute ihn an und in seinem Gesicht erkannte sich Kristof selbst.

In der Sommersonne des nächsten Jahres wurde Szymon geboren. Alles Leben drehte sich um ihn. Kristina hatte sich von ihrer Arbeit an der Universität beurlauben lassen, um ganz für ihr Kind dazusein. An einem Sonntag im Herbst brachten sie Szymon zur Taufe. Im Gottesdienst sang ein Knabenchor. Im Tränennass ihrer Augen hielt Kristina ihren Sohn über die Taufe. Szymon schrie mit seiner feinen kleinen Stimme lauter als der Chor sang.
„Du möchtest wohl meinen Sängern Konkurrenz machen?", fragte ein älterer Herr nach dem Gottesdienst und strich dem Kind liebevoll über den Kopf. „Komm wieder, wenn du größer bist. Eine solche Stimme wie deine brauchen wir."
„Nein", sagte Kristof. „Er wird bestimmt kein Sänger. Er geht mit mir zum Fußball und wird ein Stürmer so wie ich."

Als Szymon acht Jahre wurde, bekam er von seinem Vater einen Fußball und von seiner Mutter Klavierunterricht. Sie sang mit ihm. Szymons Stimme erfüllte den Raum, drang durch das offene Fenster der Hochhaussiedlung. Alle, die ihn hörten, lauschten, legten die Arbeit zur Seite und schlossen die Augen.
„Du singst wunderschön, mein Junge. Hättest du nicht Lust, Gesangsunterricht zu nehmen?"
„So ein Unsinn!", schimpfte Kristof, der gerade vom Institut zurückkam. „Gesangs -unterricht! Du verweichlichst den Jungen, Kristina. Aus ihm muss mal ein richtiger Mann werden und kein Muttersöhnchen. Ab morgen geht er zum Fußball. Ich werde ihn persönlich anmelden."
In der Nacht schreckte Kristina hoch. Leise Geräusche kamen aus der Wohnung. Ihre Füße tasteten nach den Hausschuhen. Sie folgte den Geräuschen bis ins Kinderzimmer. Szymon lag in seinem Bett und weinte.
„Was ist mit dir, Junge?" Besorgt setzte sie sich an seine Bettkante.
„Ich möchte nicht zum Fußball, Mama. Ich habe Angst vor den anderen Jungen."
„Vielleicht probierst du es einfach mal aus und wenn es dir nicht gefällt, dann brauchst du nicht mehr hinzugehen", tröstete sie ihn.
„Aber Papa wird dann mächtig enttäuscht sein, oder?", schluchzte Szymon.
„Nein, dass wird er nicht. Papa möchte nur, dass du glücklich bist."
So ging Szymon zum Fußball. „Was ist das für ein Weichei, Trainer?" lachten die Jungen. „Der hat doch zwei linke Füße. Guck sich einer diese Trommelstöcke an. Das sollen Beine sein?" In der Umkleidekabine machten sie sich

über Szymon her. Auf dem Spielfeld spielten sie ihn nicht an. Er blieb allein mit sich und seiner Trauer. Ich gehöre da einfach nicht hin, dachte er. Aber wenn ich Papa das sage, hält er mich wieder für ein Muttersöhnchen und schimpft mit Mama und mir.
Auf dem Heimweg ging er an einer Kirche vorbei. Aus den bunten Fenstern klang wunderschöner Gesang. Szymon konnte nicht anders, er musste einfach hineingehen.
Oben auf der Orgelempore sang ein Knabenchor. Der Junge setzte sich in die letzte Kirchenbank und hörte zu. Niemals zuvor hatte er eine solche Musik und einen solchen Gesang gehört. Alle Sorgen und Angst schienen wie vom Erdboden verschluckt. Der Chorleiter, ein älterer Herr, brach in barschem Ton den Gesang ab.
„Ihr seid nicht konzentriert bei der Sache! Noch einmal! Wir versuchen es noch einmal mit der ersten Strophe!" Die Orgel setzte ein. Szymon hörte sich in die Melodie hinein. Er kannte das Lied. Hundert mal hatte er es mit seiner Mutter gesungen. Er schloss die Augen und sang aus vollem Herzen mit. Viel zu spät bemerkte er, dass er alleine sang. Der Chor und die Orgel verstummten und die ganze Kirche füllte sich mit seiner Stimme.
„Hört euch das gut an!", rief der alte Mann von der Empore. „Eine Stimme wie eine Nachtigall. Macht mal Pause!" Er stieg die steile Treppe von der Empore und ging zu Szymon.
„Mir scheint, als ob ich deine Stimme schon einmal gehört habe, mein Junge. Möchtest du nicht bei uns mitsingen?"
„Nein, ich darf nicht!", brach es aus Szymon heraus. „Mein Vater möchte, dass ich ein Fußballspieler werde wie er!"
„Und was möchtest du?", fragte der Mann liebevoll.
„Ich möchte singen!", weinte Szymon.
„Dann komm' und sing mit uns!" Er nahm Szymon mit auf die Empore und der sang aus Leibeskräften. „Morgen komme ich zu euch nach Hause und spreche mit deinen Eltern."
„Vielleicht besser nur mit meiner Mutter! Sie möchte auch, dass ich singe!"
„Gut, dann bis Morgen und grüße sie herzlich von mir. Ich bin Stefan Stuligroz. Sag ihr, dass wir dich brauchen, kleine Nachtigall."
Szymon rannte nach Hause und erzählte Kristina alles. „Du sollst eine Nachtigall werden? Mein kleiner Szymon? Besser, wir behalten den Besuch von Herrn Stuligroz für uns und sagen Papa erst mal nichts", schlug sie vor.
Am nächsten Tag blieb Herr Stuligroz sehr lange. Szymon lünkerte durch die Glastür. Es war ihm, als ob seine Mutter weinte.
„Komm herein, Szymon, schließlich geht es ja um dich", sagte sie und zog ihn zu sich heran. „Möchtest du wirklich singen?"

„Ja, Mama, nichts lieber als das!" Der Junge strahlte über sein ganzes Gesicht.
„Nun, dann darfst du im Chor mitsingen. Erst mal sechs Monate zur Probe, damit Herr Stuligroz sehen kann, ob du auch fleißig bist."
„Danach gehen wir auf Konzertreise durch Polen und Europa. Du wirst sehr lange weg sein von zu Hause. Es kann sein, dass du großes Heimweh bekommst. Meinst du, du hältst das aus?", fragte der Chorleiter.
„Ich weiß es nicht, aber ich will es versuchen", antwortete Szymon. „Aber was ist mit Papa und dem Fußball?"
„Die beiden übernehme ich", antwortete Kristina.
So ging Szymon in den nächsten Wochen immer mit seinen Fußballsachen aus dem Haus, um in der Kirche zu singen. Er vermied es, sich mit seinem Vater über Fußball zu unterhalten.
„Wann kann ich denn meinen Sohn endlich mal auf dem Platz bejubeln?", fragte der hartnäckig.
„Bald, Papa!" vertröstete Szymon ihn.
„Wann sprichst du denn mit ihm, Mama?"
„Bald, Szymon! Es gab einfach noch keine Gelegenheit."

An einem Abend im Advent kam Kristof atemlos in die Wohnung. Kristina stand in der Küche und backte Plätzchen.
„Was ist mit dir?", fragte sie und ahnte schon, dass nun alles auffliegen würde.
„Ich war beim Fußballtraining. Stell dir vor, seit Wochen ist Szymon dort nicht mehr aufgekreuzt. Die Mannschaft und der Trainer machen sich schon Vorwürfe, weil sie ein bisschen unsanft mit ihm umgegangen sind. Er scheint zum Fußballspielen absolut keine Begabung zu haben. Wo mag sich der Junge bloß herumtreiben? Er hat sich bestimmt nicht getraut, etwas zu sagen." Kristof sah seiner Frau in Gesicht. „Oder weißt du etwas?"
„Komm mit!", sagte sie, wusch sich das Mehl von den Händen und zog ihren Mantel an. Sie gingen durch die verschneiten Straßen der Stadt bis zu der Kirche. Die Fenster strahlten in bunter Pracht hinaus in die Sternennacht. Sie öffneten die schwere Kirchentür. Über dem Altar leuchtete der große Weihnachtsstern. Alles in der Kirche schien zur Ruhe gekommen zu sein. Der Küster stand mit einer Hand voll Strohsternen auf der großen Leiter, um den Tannenbaum zu schmücken. In den Reihen saßen einige Eltern, die auf ihre Söhne aus dem Chor warteten. In diese Stille hinein hörten Kristof und Kristina die Stimme ihres Sohnes. Er sang sein Solo und die anderen Sänger stimmten zum Refrain mit ein. „Still ist die Nacht und alle Menschen schlafen, nur noch die Hirten wachen bei den Schafen ..." Kristof nahm Kristinas Hand.

„Unser Sohn?", fragte er.
„Ja, ich habe es versprochen. Hier in dieser Kirche erfüllt sich heute mein Traum. Verzeih mir, aber es ist mir so schwergefallen, mit dir darüber zu sprechen", sagte Kristina leise.
„Pst! Können Sie nicht leise sein?", herrschte eine Frau sie an. „Ich komme schon seit Wochen hier her, nur um den Jungen singen zu hören."
„Das ist mein Sohn!", sagte Kristof stolz.

Gebet – In deine Hände legen

Lieber himmlischer Vater,
du kennst die Bitten aller Mütter,
die das Leben ihrer Kinder in deine Hände legen.
Danke, dass du alles Erbetene, alles Gewünschte,
alles Erträumte und Erhoffte,
aus den Krankenhäusern,
den Kriegsgebieten,
den Elendsvierteln,
den Alltäglichkeiten unserer Welt
an dein Ohr trägst.
Danke, dass Mütter bei dir abgeben und loslassen,
schreien, klagen, singen und tanzen können.
Amen.

Elisabeth – Späte, stille Freude

Elisabeth – Späte, stille Freude

Du erinnerst dich?

Lange habe ich nichts von dir gehört.
Hast dich ausgeschwiegen,
versteckt,
dir die Ohren zugehalten,
als ich dich rief.

Immer wieder habe ich versucht, dich zu erreichen.
Verzweifelt, beharrlich, aufdringlich,
gebettelt,
nach dir geschrieen,
doch du hast dich nicht gemeldet.

Allein gelassen hast du mich,
dem Spott der Leute preisgegeben.
Zugelassen,
wie mich Worte und Blicke trafen!
Wo bist du gewesen?

Du! Du?

Auf einmal erinnerst du dich!
So, als ob du mich nie verlassen hättest!
Richtest mich auf,
stärkst mich
für das neue Leben in mir.

Sprachlos

Sprachlos
über einen Gott der Wunder,
über einen Gott der anderen Wege,
über einen Gott der neuen Zeit.

Sprachlos
über einen Gott, der begegnet,
über einen Gott, der Leben verheißt,
über einen Gott, der an Grenzen bringt.

Sprachlos
über einen Gott, der mir in Wundern begegnet,
über einen Gott, der andere Wege zum Leben verheißt,
über einen Gott, der mich an die Grenzen einer neuen Zeit bringt.

Das Zeichen

„Du bist wirklich schwanger?"

Maria nahm ihre Cousine lachend in die Arme. Die Frauen genossen die lange Umarmung. Tiefe Freude breitete sich in ihnen aus, durchströmte ihre Körper. Elisabeth fühlte die Bewegung ihres Kindes. Sie nahm Marias Hand und legte sie auf ihren Bauch.

„Spürst du das Leben in mir? Geht unser Gott nicht merkwürdige Wege mit uns Frauen? Du, noch so jung an Jahren, trägst seinen Sohn in dir und ich trage in später, stiller Freude den, der ihm vorangehen soll. Kinder sind Zeichen, Maria. Dort, wo unsere enge, kleine Welt endet, fängt die ihre erst an. Mit unseren Kindern erfüllen sich die Botschaften des Himmels."

Die beiden Frauen gingen ins Haus hinein. Es duftete nach Herdfeuer und Kräutern. Elisabeth zündete die kleine Öllampe an. Das sanfte Licht legte sich über ihren Körper, formte die Rundungen ihres Leibes und ihrer Brüste.

„Du bist so schön, Elisabeth", sagte Maria. „Schön wie das Abendlicht über dem Bergland von Judäa."

Elisabeth wurde rot. „Du machst mich ganz verlegen. Komm, setzt dich und ruh dich von deiner langen Reise aus, Maria. Das weiche Ziegenfell dort ist zwar kaum gut genug für die Mutter unseres Herrn, aber alles, was ich habe, gehört dir."

„Ich hätte so gerne einen Tee aus den duftenden Kräutern deines Hauses", lachte Maria.
„Nichts lieber als das!" Elisabeth hatte mit wenigen Handgriffen das Wasser auf der Feuerstelle gekocht und wählte nun kundig die Kräuter für den Tee aus.

Schon bald erfüllte der Duft von Anis, Fenchel und Rosmarin den Raum. Die beiden Frauen saßen zusammen, genossen abwechselnd Stille und Gespräch.
„Dein Tee schmeckt wunderbar!"
„Das freut mich. Ich habe die Kräuter vor vier Monaten gesammelt", erinnerte sich Elisabeth. „Es war das letzte Mal, dass ich vor die Tür gegangen bin."
„Warum versteckst du dich? Gott tut ein Wunder an dir und du vergräbst es in deinem Haus!" Maria war erstaunt.
„Weißt du, am Anfang war ich mir nicht sicher. Nach so vielen Jahren des Wartens habe ich verlernt, auf die Zeichen meines Körpers zu hören. Die Zeit der Fruchtbarkeit und die Hoffnung auf ein Kind schien für mich endgültig vorbei zu sein. Da kam Zacharias an einem Tag aus dem Tempel. Er war stumm. Zuerst hielt ich es für einen Scherz. Mein Zacharias, der sonst so viel redet. Sein Gesicht trug merkwürdig ernste Züge. Auf einmal überkamen mich Angst und Sorge. ‚Was ist mit dir?´ Ich war den Tränen nahe. Er kniete vor der kalten Asche des Feuers und schrieb mit dem Finger hinein, was passiert war. "
In Maria stieg die Erinnerung hoch. „Ihm ist der Engel begegnet, genau wie mir, nicht wahr? In die Unglaublichkeit unseres Lebens schickt Gott seine Boten, damit wir nicht wahnsinnig werden."
„Unglaublich, du sagst es. Für Zacharias waren es einfach unglaubliche Nachrichten: Unser Traum von einem Kind sollte wahr werden. All unser Warten und Hoffen sollte sich mit diesem Kind erfüllen und mit ihm die Erwartung unseres Volkes auf den Messias. Zacharias zweifelte an Gott und der Welt. ‚Zweifle nicht, Zacharias. Geh zu Elisabeth und sieh selbst, wie wunderbar Gott ist. Er gibt dir die Zeit der Stille, des Nachdenkens, der Sprachlosigkeit, bis das Kind geboren ist.´ Was für ein Zeichen, Maria! Nun wusste ich, dass die Grenzen meines Alters für Gott keine Rolle spielten. Er schenkt mir mit dem Kind ein neues Leben. Doch ich kenne auch die Menschen hier. Sie zerreißen sich das Maul. Ich wollte keinen Klatsch, nur die Stille mit mir und dem Kind."
Maria lächelte sie an: „Und jetzt?"
„Jetzt bist du da und ich bin so glücklich, über dich und dein Kind. Ich muss einfach hinaus und es allen sagen: Seht her, wir, Maria und Elisabeth, be-

kommen Kinder. Es sind Kinder des Himmels. Freut euch mit uns, denn Gott tut Wunder."

Gott ist gnädig

Im Herbstwind ihrer Fruchtbarkeit
lässt er die reiche Fülle aus ihr sprießen.
Aus Wüsten der Verlassenheit
Quellen frischen Wassers sich ergießen.

Worte, die wie Messer schneiden,
lässt er wie Steine untergehen.
Menschen, die sie schmähen und meiden,
zeigt er den Weg, neu zu verstehen.

Sie, die lang am Boden lag,
hebt er nun auf. Und auserkoren
wird sie die späte Königin am Tag,
an dem sie ihren Sohn geboren.

Alle, die ungläubig kamen,
sehn und hören: „Gott ist gnädig" soll er heißen,
trägt nicht das Gestern in seinem Namen,
sondern will das Morgen uns verheißen.

Meine Mutter

Meine Mutter war 38 Jahre alt, als ich geboren wurde. Ich war und blieb ihr einziges Kind. Der Krieg lauerte ihrem Leben auf. Gemein und hinterhältig überfiel er sie und nahm ihr die Jugend. Ihr Verlobter ließ sein Leben im Irgendwo eines Schlachtfeldes im Osten. Meiner Mutter blieb keine Zeit zu trauern. Bei einem Angriff der Alliierten wurde ihr Zuhause von einer Luftmiene zerstört. Am selben Tag, beim selben Angriff, starb mein Großvater unter den Trümmern seiner Dienststelle. Er hatte versucht, seiner Kollegin das Leben zu retten. Meine Oma und meine Mutter standen ohne jegliche Mittel auf der Straße, der Bruder meiner Mutter war 18-jährig eingezogen worden.
„Uns blieb nichts als die Kleider, die wir am Leib hatten. Jede Erinnerung war in Flammen aufgegangen", erzählte meine Mutter, die bis in unsere Tage den Lärm von Sirenen nicht ertragen konnte.
Ihre große Hoffnung hing nun an der Rückkehr ihres Bruders. Im Herbst 1944 kam ein letzter Brief von ihm, dann bedrückendes, bleiernes Schwei-

gen. Existenz im Vakuum. Meine Mutter und meine Großmutter lebten in dieser Zeit als mehr oder weniger geduldete Flüchtlinge auf dem Hof von Verwandten. Für ihre Kammer arbeiteten sie schwer.
„Morgens, bevor ich in den Dienst fuhr, hatte ich schon die Schweine gefüttert, Mutter die Kühe gemolken. Oft haben wir nachts geweint", erzählte sie.
Im Mai 45 war der Krieg zu Ende. Von ihrem Bruder kein Lebenszeichen. Im Sommer, die Ernte war in vollem Gange, kam der Brief mit der schrecklichen Gewissheit: Mit 19 Jahren war er als sinnloses Kanonenfutter für seine Überzeugung gefallen.
Wieder schweißte die Trauer die beiden Frauen zusammen. Sie fanden ein Zimmer über einer Metzgerei. In den Nachkriegsjahren verdiente meine Mutter das Geld. Meine Oma bekam eine gute Witwenrente.
„Nun musst du mal an dich denken", sagte eine besorgte Freundin zu meiner Mutter. „Andere in deinem Alter haben einen Mann und Kinder und du hast eine Mutter."
„Sie braucht mich, ohne mich ist sie ganz allein!", erwiderte meine Mutter.
„Aber du hast das Recht auf eine eigene Familie. Du hast dir immer ein Kind gewünscht. Lange kannst du nicht mehr warten."
„Ich habe die Menschen verloren, die ich liebte. Wenn Gott dieses Leben für mich so vorgesehen hat, dann soll es wohl so sein", antwortete sie.
Im Laufe der Jahre machte meine Mutter beruflich Karriere. Fleißig und zuverlässig leitete sie eine Abteilung. Während ihre Freundinnen und Cousinen mit Kinderwagen und einer großen Kinderschar durch die Parks der Stadt zogen, bezog sie mit ihrer Mutter ein kleines eigenes Haus am Stadtrand. Sie fuhren gemeinsam in Urlaub. Der Traum von einer eigenen Familie, von einem Kind und einem eigenen Glück rückte in endlose Weite.

Im Herbst 1958 stand es plötzlich vor ihr in Gestalt eines grauhaarigen, 52-jährigen Flüchtlings aus dem Osten.
„Er hat nichts, er ist nichts, er kann nichts." Damit hatte meine Oma ihr vernichtendes Urteil gefällt.
„Er ist geschieden, hat drei Kinder aus erster Ehe und ich liebe ihn!", protestierte meine Mutter. Zum ersten Mal in ihrem Leben leistete sie Widerstand. Sie kleidete den Flüchtling neu ein, ging mit ihm aus und fuhr heimlich mit ihm zum Angeln in die Holsteinische Schweiz. Sie empfand sich als Frau, begehrt und geliebt und war bereit, ihm alles zu geben, was sie in ihrem großen Herzen mit sich trug. Und er liebt sie.
„Doch Freud und Leid liegen oft nah beieinander", sagte meine Mutter, wenn sie aus dieser Zeit erzählte. „Für meine Mutter war er der schlimmste Feind. Sie unterstellte ihm, er wolle die innige Beziehung zwischen ihr und

mir zerstören, wolle sich nur ins gemachte Nest setzen. Ein Mann mit seiner Vergangenheit hätte sowieso keine ernsten Absichten. ‚Aber habe ich nicht auch ein Recht auf mein eigenes Leben?', habe ich ihr weinend geantwortet. ‚Ich möchte ein Kind und eigene Familie.' ‚Für ein Kind bist du schon zu alt. Außerdem hast du einen Beruf, der dich ausfüllt. Haben wir nicht alles, was wir brauchen? Warum also dieser Mann?', schimpfte meine Oma. ‚Weil ich ihn liebe! Darum!', habe ich damals gebrüllt und die Haustüre hinter mir zugeworfen", erzählte Mutter später mit einem Kampfeslächeln um ihren Mund.
„Aber dann kam seine geschiedene Frau mit den erwachsenen Kindern aus dem Osten. Die erwachsenen Kinder hatten einen Neuanfang ihrer Eltern geplant. ‚Du musst dich entscheiden', habe ich damals gesagt. ‚Ich möchte kein Bratkartoffelverhältnis.' Als er ging, wusste ich es schon seit einigen Wochen: Ich war schwanger. Jeden Morgen in der Straßenbahn wurde mir übel . Bleich wie eine Mumie hielt ich im Büro die Stellung."
„Wir werden das Kind auch alleine großziehen!", stellte meine Oma fest. Eine schwangere Tochter war ihr lieber als gar keine.
An einem Abend zu St. Martin schellte es an der Haustür und meine Mutter öffnete, um den Kindern Äpfel und Nüsse zu geben. Er stand in der Tür. In seiner Hand eine winzigkleine Laterne. Der Regen tropfte von seiner Hutkrempe. Als er ihr verdutztes Gesicht sah, begann er zu singen: „Wenn ich den Wanderer frage, wo willst du hin? Nach Hause, nach Hause, sagt er mit frohem Sinn ..." Sie konnte nicht anders, als ihn an seinem nassen Lodenmantel zur Tür hereinzuziehen. „Willst du mich denn noch haben", fragte er. „Ja, natürlich, wollen wir dich haben", antwortete meine Mutter ihm. „Wieso wir?", wollte er wissen. „Ich habe eigentlich nur an dich gedacht." „Ich auch", sagte sie und legte seine Hand auf ihren Bauch.

Meine Mutter liebte diesen Teil der Geschichte, genau so, wie sie meinen Vater liebte. Ich wurde ein Kind alter Eltern, die mich mit ihrem Leben, ihrer Lebenserfahrung und ihrer Liebe reich beschenkten. Wer anders als meine Mutter hat eine Geschichte in diesem Buch verdient.

Späte, Stille, Freude

Späte
Der Uhrzeiger marschiert stramm der vollen Zeit entgegen,
der letzte Zug des Tages hält nur kurz an den Gleisen,
der rote Apfel schaukelt einsam noch am Baum,
im Herbstlaub will die Welt sich schlafen legen,
der müde Storch noch in den Süden reisen.
Späte Hoffnung Kindertraum.

Stille
Erfahrungen singen leise Lieder.
Wahrheit, dargestellt in klaren Reimen.
Tatsachen suchen sich neuen Raum,
tragen unerwartet Knospen wieder,
vom Wunder voll an zarten Keimen.
Stille Hoffnung Kindertraum.

Freude
Über alle Grenzen lachen,
Gesetze, Regeln ignorieren,
Freiheit über Zeit und Raum,
mit dir in mir Verrücktes machen
und das Leben ausprobieren.
Freudenhoffnung Kindertraum

Der späte Gast

In der Stille der Wüste denkt er an seine Mutter. Hier, an diesem todbringenden, lebensfeindlichen Ort ist die Frau, die ihm das Leben schenkte, so fühlbar nah.
Er spürt ihren Atem im Wind, ihre Umarmung in der letzten Wärme des Tages, die Berührung ihrer Lippen im Sandhauch auf seiner Haut. Nie war die Mutter ihm näher als in der Menschenlosigkeit, nie der Klang ihrer Stimme deutlicher als im Schweigen dieser Einöde. „Johannes!" Täuscht der Wind ihr Rufen vor oder ist sie wirklich hier? So hat sie ihn gerufen, wenn er sich nach einem vollgespielten, abenteuerlichen Tag nicht von seinen Freunden trennen konnte. „Komm herein, Vater ist da, lass uns essen." Im letzten Licht des Tages sieht er den Jungen von 10 Jahren barfuß durch den Staub nach Hause rennen, der sich an der Tränke vor dem Haus noch schnell die Füße

und die Hände wäscht, um dann ruhig und gelassen einzutreten. „Unser später Gast!", sagt Vater und legt seine großen, faltigen Hände um den Kopf seines Sohnes. Wie vor jeder Mahlzeit spricht er das Gebet, dankt für das Brot, und seinen Worten lauschend verabschieden sich nach und nach die Abenteuer des Tages aus dem Kopf des Jungen.
Von der Kühle des Abends zitternd sitzt der Mann in seinem Zelt. Träge wie die Schlange am Morgen kriecht die Kälte vorbei an seinem Hals die ausgemergelte Haut hinunter und legt sich über den hervorstehenden Rippen zur Ruhe. Eingehüllt in Decken und Felle sieht er der untergehenden Sonne entgegen, wartend auf ein Tier der Nacht, das den Hunger stillt. „Johannes!" Da ist sie wieder, die Stimme der Mutter. Sie erfüllt den Geruch von Staub und Schweiß mit dem Duft von Kräutern und gebratenem Fleisch, von der Milch der Ziegen und dem dünnen Fladenbrot.
Es ist, als ob sie neben ihm sitzt. Ihr graues, langes Haar trägt den letzten Schimmer des Tageslichts und aus der weichen Tiefe ihres Gesichtes lacht sie ihm entgegen.
„Ich würde so gerne mit dir gehen, Mutter", hört er sich sagen. „Aber du weißt, dass ich auf ihn warten muss."
„Ja, mein Kind! Ich weiß! Es ist dein Auftrag, deine Bestimmung. Du bereitest ihm den Weg und sagst den Menschen, dass ihr Befreier bald zu ihnen kommen wird. Mit dir erfüllt sich die Schrift unserer Väter", sagt die Mutter mit leiser, gefasster Stimme.
„Aber Vater und du? Ihr braucht mich doch. Eigentlich muss ich für euch da sein, so wie jeder andere Sohn auch."
„Du bist nicht wie jeder andere Sohn. Ich wusste, was für ein Geschenk mir Gott mit dir machte und dass du nur ein später Gast in meinem Haus warst. Du klopftest an meine Tür am Abend meines Lebens. Die Feuerstelle war schon erkaltet und doch entfachte ich die Glut für dich neu. Ich legte Holz nach, stellte den Topf auf die Flammen und buk frisches Brot auf den heißen Steinen. Für eine Zeit saßen wir gemeinsam am Tisch. Ich hörte neugierig auf die Geschichten aus deiner Welt und bereitete dir behutsam ein Lager in der meinen. Diese Stunden machten mich reich, ich sammelte sie in meinem Herzen. Du bist ein Kind Gottes, von ihm erdacht und so gehört dein Leben ihm. Ich wusste, dass du gehen würdest."
„Das klingt so einfach, Mutter."
„Ja, es klingt einfach, aber so ist es nicht. Es gut für mich zu wissen, zu wem du gehörst, dass du nicht sinnlos und verloren in der Welt dahinirrst oder eingesperrt in unserer kleinen Welt unglücklich wirst. Du bist wie ein später Gast gekommen und wie ein Gast gegangen. Abschied und Begrüßung wohnen in einem Haus. Von unserer gemeinsamen Zeit haben wir Abschied

genommen, um die neue Zeit begrüßen zu können. Sie hat schon begonnen, Johannes!"
Die Nacht bricht herein. Ein letztes Mal, bevor ihn der Schlaf einholt, sieht er sie. Dann wird das Bild der Mutter vertrieben von den Träumen der Nacht.

Am nächsten Morgen zieht es Johannes wieder an den großen Fluss. Die Menschen suchen ihn und er sucht die Begegnung mit den Menschen. Leidenschaftlich erzählt ihnen Johannes vom neuen Leben und ertränkt alles Schmerzvolle ihrer Vergangenheit in den Fluten des Flusses. „Johannes!" Wieder hört er seinen Namen, doch heute ruft ein anderer nach ihm.

Gebet -Wie Elisabeth

Herr, du stehst den wartenden Frauen zur Seite.
Bist ihnen nahe in ihrer Ungeduld,
siehst mit ihnen ihre Lebenszeit,
die wie Sand durch ein Stundenglas rinnt.
Du kennst alle ihre Hoffnungen und Träume,
die ausgesprochenen und ausgeweinten.

Herr, alle Erwartungen und jede Erfüllung
liegen in deinen Händen.
Gib den Wartenden die Kraft zur Geduld,
den Blick auf neue Wege mit dir,
die Offenheit für die Wunder, die du tust -
so, wie bei Elisabeth.
Amen

Rizpa – Die Regenmacherin

Laute Mütter

Rizpa – Die Regenmacherin

Die Regenmacherin

Du schreibst deine Trauer an den Himmel,
lässt aus grauen, schweren Wolken
deine Tränen regnen.
Weinst dich aus über den Orten
aller Sinnlosigkeit, aller Sprachlosigkeit, aller Wut.
Bist Unwetter, klagender Donner, strömender Regen über
Ruanda, Bosnien, Georgien, dem Sudan, Äthiopien,
Pakistan, Iran, Irak, Afghanistan, Israel, Syrien, Russland, den USA.
Du klagst an mit den Tränen einer Mutter.

Nicht ohne meine Söhne

Wie lange sie dort gesessen hatte? Rizpa konnte sich nicht erinnern. Die Stunden des Schmerzes tropften sehr langsam durch das Sackleinen auf ihrer Haut. Der Geruch von Sommerregen und Getreide kroch in ihre Nase, viel schöner als der betörende Duft orientalischer Blüten im Palast und legte sich über den Gestank von Tod und Verwesung.

Zu schwach um aufzustehen, blieb sie einfach sitzen. Sie war willenlos, hatte sie doch ihren ganzen Willen gebraucht, verschenkt als letzte, allerletzte Gabe für ihre Söhne.

„Es ist genug! Mehr kannst du nicht für sie tun!", sagte der Henkersknecht, der auf dem Galgenberg für Ordnung sorgte. Wie ein Jagdhund suchte er mit gierigem Blick den Boden nach den letzten Habseligkeiten der Hingerichteten ab.

Angewidert tastete Rizpa nach festem Boden unter ihren Füßen. Es hatte aufgehört zu regnen. Die nasse Erde bot ihr Halt. Ihr Körper schmerzte. In den endlosen Stunden hatte er verharren müssen, gedrückt auf den harten Stein, um plötzlich ruckartig aufzuschrecken, wild gestikulierend die Vögel des Tages und die Tiere der Nacht zu vertreiben. Rizpa ging den langen Weg zurück. Sie folgte ihren toten Söhnen in die Vergangenheit:

Vor ihr liegt der Palast, sie ist jung und schön. Die beiden Jungen spielen zu ihren Füßen. Sie sind Königssöhne, Söhne Sauls, die sie ihm geboren hat. Rizpa träumt vom Glück und versucht, es festzuhalten. Es gleitet aus ihren Händen, fliegt fort wie ein Vogel, den sie nicht halten kann. Sie sieht ihm nach, sieht Saul nach. Zermürbt, in schwerer Depression. büßt dieser seinen Ungehorsam gegen Gott nach dem Sieg gegen seine Feinde. Ein schwarzer Schleier legt sich über sein Gemüt. Niemand, keine seiner Frauen und Söhne, können ihn befreien, auch Rizpa nicht.
Sie lebt für ihre Söhne, streitet für sie in den tödlichen Intrigen des Hofes. Ein Name zerreißt ihre Gedanken und Träume: David. Er ist der neue Gesalbte, den Gott auserwählt hat. Saul ist ihm Feind. Was wird aus ihr und ihren Kindern, wenn David König wird? „Ist er der Löwe Israels, der die Söhne des alten Löwen tötet? Kann ich ihm trauen oder ist er mein Feind und der meiner Kinder?", fragt Rizpa sich immer wieder. Die Angst hält sie fest umklammert.
„Saul ist tot. Der König hat sich ins eigene Schwert gestürzt. Sein Leichnam geschändet in fremdem Land! David ist König!" Die Nachricht verbreitet sich so schnell wie ein Feuer in der Nacht. Rizpa ist wie gelähmt.
David wird König. „Nicht ich spreche Gericht über Sauls Haus sondern Gott." Rizpa klingen die Worte im Ohr. Nicht er, sondern Gott. Was für ein Heuchler! Würde Gott das Leben ihrer Kinder und das anderer Frauen Sauls preisgeben für die Schuld ihres Vaters? Die Angst weicht nicht mehr von Rizpas Seite. Sie weiß: Wohin sie auch fliehen mag, eines Tages wird sich der König an ihr und ihren Söhnen rächen.
Ihre Angst wird zur Gewissheit: Sinnlos werden ihre Söhne und die der anderen Frauen Sauls an die Feinde ausgeliefert, um die Blutschuld ihres Vaters zu sühnen. Rizpa schreit, kämpft um ihre beiden Söhnen, stellt sich den Soldaten in den Weg. Machtlos gegen die Gewalt bricht sie am Boden zusammen. Sie kann es nicht verhindern: Sieben Söhne Sauls sterben auf dem Galgenberg einen sinnlosen, schuldlosen Tod. Betäubt von Schmerz und Qual bleibt Rizpa bei ihnen. Klagt, schreit, weint und fordert, die Toten zu bestatten. In der Gleichgültigkeit der Feinde brüllt sie das Recht einer Mutter heraus.

Rizpa erreichte die Stadt wie eine Schlafwandlerin. Als der Abendwind die erste Kühle des Tages bringt, werden die Leichen der Hingerichteten, die Leiche Sauls und die Jonathans, dem Sohn und Freund Davids, beigesetzt. Als alle gegangen sind, blieb Rizpa allein zurück. Die letzten Stunden des

Tages gehörten ihr und dem Abschied von ihren Söhnen, gehörten den Gedanken, Erinnerungen und Tränen.

„Schon einmal habe ich für euch Totenwache gehalten, bin bei euch geblieben, als die anderen gegangen sind. Habe euer Recht vor Gott und der Welt eingeklagt, versteinert ausgesessen, was die Mächtigen mir verwehrten. Mit dem Mut einer Mutter habe ich gegen den Löwen Israels gekämpft, euch und die anderen aus seinem Rachen gerissen. Meine Söhne dürfen nicht den Tieren ausgesetzt werden, ihr Blut darf nicht im Regen in der Erde versiegen. Ihre Körper sollen in Würde bestattet werden. Ich habe das Unerträgliche für euch ausgehalten. Du, Gott meiner Väter, ich hoffe, dass du nun zufrieden bist!"

Ich suche dich im Regenbogen

Leergeweint,
wolkenleicht, windbewegt
fortgetrieben, weggetragen, aufgebäumt.

Am Grau-Blau des Himmels
Wolken,
nasse, weiße Tränentücher,
die in der Sonne trocknen.

In einem letzten Schluchzen hält die Welt inne.
Stille.
Dann Farben, die die Hoffnung malt.
Regenbogen.

Überspannt,
ausgebreitet, abrundet,
umhüllt, geborgen, getragen.

Ich
suche dich
im Regenbogen.

Über 1000 Hügeln tanzen

Josephine kannte ihre Blicke, die angewiderten, die ablehnenden, die fragenden, die neugierigen. Dicht gedrängt in der U-Bahn lagen sie auf ihr wie eine zentnerschwere Last.

„Soll meine Narbe euch erzählen von meinem Leben, von meinem Schmerz, von meiner Angst? Alle würdet ihr davonlaufen, ihr Gaffer!", dachte sie und beschloss, einfach auf ihre Füße zu starren. In Brüssel-Midi stieg sie aus. Wie ein gewaltiger Wasserfall strömten Menschenmassen laut tosend an ihr vorbei, ließen sie in der Masse untergehen.

Eilig trug die Rolltreppe sie nach oben, dem Himmelblau des Frühlingsabends entgegen. Es hatte geregnet. Die große Stadt duftete nach feuchtem Stein. Frische, kühle Frühlingsluft wehte über Josephines braune Haut, drang in die viel zu dünne Jacke. Zitternd blieb sie stehen und sah in den unendlich blauen Himmel.

Gierig sog sie den Frühling in sich auf, vertrieb den Gestank von Desinfektionsmittel und Schmierseife, mit denen sie die Krankenzimmer im Hospital reinigte.

Seit 12 Jahren lebte Josephine in Brüssel. Ohne Hoffnung, ihre Kinder wiederzufinden, hatte sie ein Jahr nach dem Genozid Ruanda verlassen. Die wenigen Kontakte zu Freunden aus der Heimat beschränkten sich auf die Wochenenden, sonst blieb Josephine alleine mit sich, ihren Gedanken und Erinnerungen. Mit ihnen wohnte sie in einer kleinen Mansardenwohnung über einer Kneipe. Nachts tauchte die Reklame einer großen belgischen Biermarke ihr Zimmer in ein tiefes Rot. Die wenigen Möbel und die Matratze, der kleine Kühlschrank und der Zweiplattenkocher tauschten für die wenigen Stunden der Nacht ihr Kleid, tanzten im Licht, um bei Tagesanbruch wieder in die Uniform der Monotonie zu steigen.

Neben Josephines Bett standen auf einer Orangenkiste die Bilder ihrer drei Kinder und ihres Mannes Jean-Baptist. Pascal wäre heute 22, Lilly 18 und Paul 16 Jahre alt.

In der Stille des Zimmers, im Vakuum der Einsamkeit kamen sie wie langerwartete, liebe Gäste zu ihr, setzten sich mit ihr an den Tisch, lachten und weinten, um dann plötzlich aufzustehen, sie zärtlich in den Arm zu nehmen und zu gehen.

Wenn der Schlaf und die Schwere des Tages Josephine die Augen schlossen, waren ihre letzten Gedanken und Gebete bei ihrer Familie. Ihre Träume trugen sie über die grünen Hügel ihrer Heimat. Sie waren zusammen, eine Familie wie damals und nichts konnte sie trennen. Lillys schwarze Locken flogen im Wind und die Schmetterlingsspange aus Silber leuchtete in der Sonne. Paul und Pascal tanzten mit ihrem Vater den Tanz des Kranichs und Josephine braute Bananenbier.

Bedrohlich wie der große Regen, der seine grauen Wolken über die tausend Hügel trieb, legten sich die Schatten über Josephines Traum und ließen sie nicht frei. Die Menschen, die sie liebte, blieben ihr verborgen und sie er-

wachte in der Einsamkeit eines neuen Tages.
Müde öffnete sie die Tür des Hauses.
„Bonjour, Josephine!", rief ihr Jean-Luc, der Wirt entgegen, der gerade eine neue Bierlieferung im Keller verstauen wollte. „Ça va?"
„Ça va bien, merci!", antwortete sie wie immer und öffnete den verbeulten Briefkasten. In der Flut von Werbeprospekten steckte ein Brief aus Ruanda. Wie einen Schatz trug sie ihn noch oben, setzte sich auf ihre Matratze und öffnete ihn. Es war ein Brief der Witwen- und Waisenorganisation AVEGA. „Chéz Josephine", las sie und den Rest des Briefes mit tränennassen Augen. Unglaublich und doch wahr: Nach 13 Jahren waren die Leichen ihres Mannes und ihrer Kinder gefunden worden. Ein beiliegendes Foto zeigte die Schmetterlingsspange von Lilly. Kein Sonnenlicht, das darauf leuchtete, sondern eine grüne Moosschicht und doch schien sie für Josephine nie schöner geleuchtet zu haben. In einer Gedenkfeier am 8. April sollten die sterblichen Überreste in einer Gedenkstätte in der Nähe von Kigali beigesetzt werden. AVEGA hatte etwas Reisegeld in den Umschlag gelegt, den Rest borgte sich Josephine bei Freunden. Sogar Jean-Luc, der Bierfassträger, gab 100 Euro mit dazu. So ging Josephine auf eine stille Reise, wortkarg und allein mit ihren Gedanken.

Die warme, schwere Luft des Frühlings lag über Kigali. Josephine atmete so tief ein, dass es weh tat. Ihre Füße waren wie gelähmt und hielten sie zurück, die Gangway hinunter zu steigen. Bilder des Entsetzens tobten sich vor ihren Augen aus und ließen eine tiefe Schwärze zurück. „Madame." Eine Stewardess schob sie behutsam zur Seite.
Josephine riss die Augen auf und folgte dem Strom der Passagiere.
Wenig später saß sie im Bus nach Mwirute, ihrem Heimatdorf. Die Bilder zwischen Realität und Trauma schnitten ihre gefährlichen Fratzen.
Erst in den Armen ihrer Freundin Muriel konnte sie weinen. Ihre Tränen spülten die Bilder wie schmerzhafte Partikel aus ihren Augen. „Du bist da!", sagte Muriel zärtlich. „Komm, lass das Vergangene gehen. Das Heute muss gewinnen." Josephine hielt ihre Hand wie ein hilfloses Kind und folgte ihr in ein neues Haus, außerhalb der Dorfgemeinschaft.
„Hier wohne ich, tritt ein und schau! AVEGA hat mir einen Kredit gegeben. Ich muss nicht mehr neben den Peinigern und Mördern leben. Viele sind wieder aus dem Gefängnis frei, Josephine, und leben unter uns. Sie tun so, als wäre nichts passiert, doch die Schuld hat sich wie ein Fluss tief in ihr Gesicht gegraben."
Josephine hörte den ganzen Abend zu, hörte Muriels Stimme, hörte das Schreien der Nachttiere und den Schlag ihres Herzens. In dieser Nacht blieb

sie allein in ihren Träumen, tanzte allein mit dem großen Mond über die silbern Hügel, ließ sich vom kühlen Nachtwind treiben, kam zur Ruhe.

Sie blieb zwei Tage bei Muriel, dann fuhren sie gemeinsam nach Kigali. In einem Park war eine Gedenkstätte eingerichtet worden. Blumen, Gräber und Grabsteine leuchteten in der Frühlingssonne. Eine Mitarbeiterin von AVEGA begrüßte die Frauen.
„Komm, Josephine! Ich zeige dir, wo sie ihre letzte Ruhe gefunden haben."
Josephine folgte ihr zu einer Gruft. Auf einem Stein waren die Namen ihrer Lieben eingraviert.
„Das haben wir bei den Leichen gefunden. Da waren wir sicher, wer sie waren." Die Mitarbeiterin von AVEGA legte Josephine eine schmutzige, angelaufene Haarspange in die Hand. Es war Lillys Schmetterling.
„Lasst mich allein, bitte!", bat Josephine die beiden Frauen. In die Stille des Tages sprach ihr Herz. „Meine Geliebten. Hier hat unsere Reise ein Ende, denn ich weiß euch sicher geborgen. Meine Tränen haben einen Ort gefunden und ich kann euch loslassen. Ich weiß, dass eure Seelen über den Bergen tanzen und auf mich warten. Aber ich muss und ich will leben. Für eine kleine Weile müsst ihr auf mich warten. Ich fahre wieder zurück in meine Welt, ihr kennt sie ja schon. Ihr könnt nicht mitfahren und ich kann nicht bleiben. Doch ich komme wieder. Jedes Jahr werde ich hier sein und euch vom Leben erzählen."
Josephine blieb lange an der Grabstelle sitzen. Vom Frühlingswind getrieben tanzte ein Schmetterling die Hügel hinab und setzte sich für lange Zeit auf den Stein.

Weil das Ende der Anfang ist

Vorbei,
das Schreiben der Bittbriefe und Begnadigungen,
die Demonstrationen auf der Straße,
die Mahnwachen und Schweigemärsche,
die Sitzstreiks und Inhaftierungen.

Vorbei,
der Kampf um Recht und Würde,
der Streit um Schuld und Unschuld,
die Strategie der Anwälte und Medien,
die Ohnmacht um Sieg und Niederlage.

Vorbei,
der Vorhang ist gefallen,
der letzte Akt gespielt,
der Held gestorben,
das Publikum sieht zu und schweigt.

Da ziehst du den Vorhang wieder auf,
stellst die Scheinwerfer neu ein,
setzt alles in ein neues Licht,
schenkst dem Helden in deinem Schoß den letzten Schlaf.

Niemand klatscht Applaus,
wirft Rosen auf die Bühne,
dennoch verharren Menschen in den Sitzen,
um dich anzusehen.

Von den Bühnen dieser Welt
kann dich keine Macht vertreiben.
Mutter, die das Spiel des Lebens neu inszeniert,
weil alles Ende bei dir der Anfang ist.

Zwischen Zimmer und Zelle

Wie mag es für sie sein, wenn sie sein Zimmer betritt?
Wenn sie wie jeden Tag die Treppe hinaufsteigt, die Tür öffnet und er nicht da ist?
Schließt sie dann die Augen?
Atmet sie den Duft seines Lebens, seiner Kleider, seines Bettes ein?
Hört sie seine Kinderstimme oder ist es das Lachen eines jungen Mannes?
Sieht sie ihn als Kleinkind mit seinen Legos spielen oder ist er zusammen mit seinen Freunden aus seiner Klasse?
Berührt sie seine Jeans, sein T-Shirt, das über dem Stuhl am Schreibtisch liegt, so, als ob er es erst gestern dort abgelegt hat?
Setzt sie sich auf sein Bett, sieht sich um?
Kreist ihr Blick über Poster und den Fußballschal, den verwaisten Rucksack, das Stofftier früher Kindheitstage, die Bücher und die CDs in den Regalen?
Weint sie, wenn sie an ihn denkt?
Träumt sie von den Tagen seiner Kindheit?
Spricht sie mit ihm über die Freiheit und die Zeit danach?
Betet sie?
Ist sie sprachlos, hoffnungslos, kraftlos, leer, isoliert, einsam?

Wartet sie auf ein Wunder?
Hofft sie auf Hilfe?
Reißt sie der Alltag aus der Stille ihrer Gedanken?
Erinnert sie sich an die Termine und Telefonate mit dem Anwalt, der Regierung, der Botschaft, Amnesty International?
Schafft sie es, aufzustehen und weiterzumachen?
Kämpft sie gegen jede Sinnlosigkeit an?
Leidet sie unter der Monotonie dieser trostlosen Zeit?
Klammert sie jede Freude an Gemeinschaft mit Freunden und der Familie aus?
Lässt sie Lachen und Leben nicht mehr zu?
Wird es für sie unwichtig und banal?

Dann der Anruf.

Flugtickets.
Koffer packen.
Kleidung, CDs, Bücher, Seife, Schokolade für ihn einpacken.
Hoffnung.
Anrufe.
Ihr Koffer, seine Reisetasche.
Taxifahrt zum Flughafen.
Presse.
Flug.
Blicke der Passagiere, die ihr Gesicht aus den Medien kennen.
Fakten im Gespräch mit dem Anwalt.
Ankunft.
Passkontrolle. Blicke.
Wut.
Taxifahrt zum Hotel.
Koffer im Zimmer.
Gang zur Toilette.
Gedanken an ihn pochen in ihrem Kopf, schmerzen.
Tablette, seine Reisetasche.
Taxi, Fahrt ins Gefängnis.
Sicherheitskontrolle.
Taschen und Reisetasche werden gefilzt.
Die Schokolade wird herausgenommen, die CDs auch.
Blicke. Wut. Ohnmacht.
Der Gesprächsraum.

Muffig, schmutzig, alt.
Der schönste Raum der Welt, den sie sich vorstellen kann und von dem sie so gerne fliehen möchte.
Alles wie ein böser Traum.
Sie bringen ihn.
Tränen, Umarmungen.
Blicke des Wachpersonals.
Er sieht furchtbar aus. Sie ist entsetzt und muss doch stark bleiben.
Fragen über Fragen.
Alltagsgeschichten und Ängste, Strategien und Vorschläge.
Morgen ist Verhandlung.
Sternlose, hoffnungslose, schlaflose Nacht.
Verhandlung.
Der Alptraum hat kein Ende.
Er gibt vieles von sich preis.
Bilder der Nacht werden lebendig.
Kameras machen die Welt zum Augenzeugen.
Er muss bleiben.
Kein Urteilsspruch.
Vertagung.
Wieder muss sie ihn hier zurücklassen.
Allein in der Erbärmlichkeit seiner Zelle.
Alle Kraft versiegt. Tränenleer.
Hoffnungsstark ihr letzter Blick:
Gib nicht auf, ich liebe dich.

Gebet – Mutig, wie Löwinnen

Lieber Vater im Himmel,
du kennst die vielen Mütter,
die um die Würde ihrer Kinder kämpfen.
Mache sie mutig wie Löwinnen,
den Mächtigen der Welt entschlossen entgegenzutreten.
Stärke sie aus der Quelle deiner
nie versiegenden Hoffnung.
Schenke ihnen Stunden des Innehaltens,
der Ruhe und der Kraft.
Begleite Mütter und Kinder auf ihrem Weg ins Leben.
Amen.

Die Mutter aus Kanaan – Für dich bin ich laut

Die Mutter aus Kanaan – Für dich bin ich laut

Ihre Reise zu dir

Wahnsinnige Vorfreude,
dein Ultraschallbild segelt durch die Luft.
Sie tanzt
schwindelig vor lauter Glück.
Ihr größter Wunsch wird wahr.
Du kleiner Mensch
bist das Ziel aller ihrer Träume,
Vorfreude auf schneeweißen Strand,
Palmen, endlose Sonnenuntergänge.
Neun Monate
packt sie ihren Koffer.
Du kommst,
bist da,
so anders als erwartet.
Jenseits ihrer Wünsche und Träume
muss sie feststellen,
dass sie auf der Reise zu dir
ihren Koffer falsch gepackt hat.

Wie Krümel unter dem Tisch

Lange, sehr lange hat sie gebraucht um zu verstehen, dass er nie mehr zu ihnen zurückkehren wird. Sein Kind hängt bereits neun Monate an ihrer leergetrunkenen Brust. Die letzte Hoffnung aus ihr heraussaugend, verkrümmt sein kräftiger, kleiner Körper ihr Rückrad.
Blutrot taucht die Abendsonne ins Mittelmeer. Müde, schwere Schritte tragen die ausgemergelte Frau von der Hafenmauer fort.
Ein letzter Blick zurück. In der Ferne die Silhouette eines Schiffes auf dem Weg in die Freiheit, beladen mit edlen Gewürzen und enttäuschten Männern, auf der Flucht vor der Enge eines Herdfeuers und der Verantwortung für Frau und Kind.

Das kleine Mädchen schreit der Nacht entgegen. Seine Mutter befreit es aus dem engen, schmutzigen Leinentuch und legt es auf das Lager, das sie seit sechs Monaten mit ihrer Mutter und ihren kleinen Brüdern teilt. Der

Säugling strampelt fröhlich mit seinen Beinchen und lacht, bis sein kleiner Körper zuckt und krampft. Verächtlich guckt die Mutter der jungen Frau erst ihr Enkelkind dann ihre Tochter an.
„Hast du dich wieder den ganzen Tag mit dem Balg am Hafen herumgetrieben? Wann kapierst du endlich, dass er nicht mehr zu dir zurückkommt? Warum sollte er auch? Schau dich an und vor allen Dingen diese Satansbrut. Wenn die schreit, denkt jeder, der Leibhaftige sei nach Sidon gekommen!"
„Was weißt du schon von mir und dem Kind. Der Teufel steckt nicht in der Kleinen, sondern in dir. Und du willst eine Mutter sein! Ich schäme mich für dich!"
„Wenn dir das alles hier nicht passt, kannst du die Satansbrut nehmen und verschwinden! Pack dich! So was wie euch kann ich nicht brauchen. Dich heiratet doch sowieso keiner mehr und mit dem kranken Balg erst recht nicht!"

Sie ist nie mehr nach Hause zurückgekehrt. Die Worte des letzten Abends und der Duft des Meeres haben sich tief in ihrem Herzen eingeprägt. Seit neun Jahren lebt sie hier in dem kleinen Dorf bei Tyrus. Gleich an der Stadtmauer, wo der weiße Oleander wächst, sitzt sie in ihrem winzig kleinen Haus am Webstuhl. Die Sommerhitze steigt durchs Fenster und lässt im dumpfen Licht des Raumes kleine Staubteilchen im Sonnenlicht tanzen. Das kleine Mädchen am Boden spielt mit bunten Wollknäueln. Aus den vielen Farben sucht die Kleine purpurrote Wolle aus, versucht unbeholfen mit ihrem kleinen verkrampften, zuckenden Körper aufzustehen. Den Kopf auf der linken Schulter ruhend, stolpert sie auf die Mutter zu.
„Mama", sie streckt ihrer Mutter die Wolle entgegen.
„Jetzt nicht mein Kind. Warte einen Moment. Rot kommt gleich."
„Mama", schreit sie mit dumpfer, trockener Kehle und greift nach dem Schiffchen, das zwischen den Baumwollfäden hin und her tanzt, um es mit der Kraft eines erneuten Krampfes festzuhalten.
„Was machst du da, mein Unglückskind? Lass los. Du machst noch meine ganze Arbeit kaputt." Nur mit großer Mühe schafft es die Mutter, die Spule aus der Hand ihres Kindes zu befreien. „Komm, Mama setzt dich an die Tür. Dann kannst du hinausschauen und sehen, wie die Esel und Maultiere vorbeiziehen.

Während die Mutter das Schiffchen wieder auf die Reise durch den Stoff schickt, fahren ihre Gedanken mit. ‚Wie alleine wir beiden sind. Webe ich auch für die angesehensten Frauen der Silber- und Goldschmiede meine Stoffe, so bin ich doch mit dem Kind verlassen von aller Welt. Warum nur?

Wovor haben die Menschen Angst? Die Krankheit der Kleinen ist nicht ansteckend. Sie hat ein liebes Wesen und nichts vom Teufel'

Da reißen Schreie vor der Tür sie aus ihren Gedanken. Ihr Kind ist fort, sein Platz an der Tür leer. Angsterfüllt stürzt sie hinaus. Draußen findet sie ihre Tochter zusammengekauert wie ein verängstigtes kleines Tier im Schmutz der Straße liegen. Blut strömt aus Wunden an Kopf und Schultern. Die Kinder, die gerade noch die Steine geworfen haben, verschwinden in den Häusern hinter den Wänden von Vorurteilen und Gleichgütigkeit. Tränen der Wut steigen in ihr Gesicht, die Beine versagen den Dienst. Durch den Staub kriecht sie zu ihrem Kind, nimmt es in den Arm, trocknet die blutenden Wunden mit ihrem Schal.

„Satansbrut!", schreit eine erwachsene Stimme aus einen der umliegenden Häuser.

„Ihr feigen, erbärmlichen Kreaturen. Ihr habt den Teufel im Leib, Steine zu werfen auf ein hilfloses, krankes Kind. Was haben wir euch getan?" Allen Zorn und alle Verzweiflung brüllt sie heraus, bis ihre Stimme im Tränenmeer ertrinkt. Kraftlos versucht sie ihr Kind aufzuheben.

„Ich helfe dir", sagt plötzlich eine Stimme hinter ihr. Sie dreht sich um und sieht in das besorgte Gesicht einer Nachbarin. „Hab' keine Angst. Ich bin Tyra. Komm, lass uns nach deinem Kind sehen."

Zu Hause versorgt Tyra die Wunden der Kleinen mit Salbe und Kräutern, legt ihr Verbände an, bis das Kind zitternd auf dem Schaffell einschläft.

„Was soll ich nur tun?", weint seine Mutter. „Warum hassen uns die Menschen so? Nirgendwo gibt es Hoffnung für uns."

„Hast du schon von dem Propheten aus Nazareth gehört? Dieser Jesus soll alle Arten von Krankheiten heilen, die Körper und Geist befallen. Es heißt, er sei der Messias, auf den die Juden schon so lange warten."

„Ich kann doch hier nicht weg. Wer soll auf das Kind aufpassen?"

„Das will ich tun. Mach dich auf den Weg! Hab' keine Angst, dein Kind ist bei mir in guten Händen."

Als die Sonne wieder im großen Meer eintauchen will, erreicht sie ein kleines Dorf. „Dieser Jesus läuft dahinten, aber beeile dich, er will weiter", sagt eine alte Frau und reicht ihr einen Schlauch mit Wasser.

Sie trinkt hastig und strauchelt hinter ihm her. Zusammen mit den anderen Männern geht er bereits die Straße aus dem Dorf hinaus. Ihre Schritte sind so schnell, dass sie ihn nicht erreichen kann.

„Herr, warte! Du verheißener Sohn Davids, lauf nicht weg! Hör mich an, bitte! Meine Tochter ist krank an Körper und Geist. Bitte hilf ihr und mach sie gesund!"

Der Prophet aus Nazareth hält an, dreht sich ihr zu. Lange sieht er in ihre Augen und schweigt. Sie kommt ihm immer näher und fällt vor ihm auf die Knie.

„Diese Frau ist selbst krank, Meister. Komm, lass uns weitergehen!", flüstert einer der Männer in sein Ohr.
„Ja, vielleicht hast du recht", schreit sie ihn an. „Ich bin krank vor Sorge um mein Kind. Bitte, Herr, hilf meinem Kind!" Sie lässt seine Augen nicht los.
„Ich bin hier, um dem Volk Gottes zu helfen", sagt er.
„Aber sind mein Kind und ich nicht auch Geschöpfe Gottes? Warum willst selbst du uns nicht helfen? Es kann doch nicht alles umsonst gewesen sein!"
„Meine Liebe und meine Hilfe gehört den Kindern Israels. Ich darf von dieser Liebe kein Stück verschwenden, sonst werden meine Kinder nicht satt."
„Herr", sagt sie mit der letzten Kraft einer kämpfenden Löwin. „Wenn ich in deine Augen sehe, erkenne ich so viel Liebe und Hingabe für die Menschen. Schon ein Krümel davon, der unter den Tisch fällt, würde reichen, um meinem Kind zu helfen!"
Ein tiefes Schweigen hüllt die Gruppe um die Frau ein, bis der Mann aus Nazareth das Schweigen bricht. „Du bist eine mutige Frau. Trotz allem, was du erlebt hast, glaubst und vertraust du mir. Wer so an mich glaubt, den stärke ich und helfe ihm. Geh heim zu deinem Kind, es wartet auf dich!"

Du bist zu uns gekommen

Du bist zu uns gekommen,
hast auf einem von vielen leeren Plätzen,
auf denen sich sonst Freunde und Verwandte setzen,
ohne zu fragen Platz genommen.

Sie sind gegangen,
weil sich jetzt alles um unser behindertes Kind dreht,
Unsicherheit, Angst, Alltagsroutine dem unbeschwerten Frohsinn
alter Tage entgegensteht.
Da hast du angefangen,

Kerzen anzuzünden,
den Sekt für uns geöffnet, eine unbekannte CD eingelegt
und Rosenblätter ausgestreut. Alles, was uns tief bewegt,
ließ sich zu dieser, deiner Melodie verbinden.

Du bliebst, geliebter Gast, bis abends spät.
„Feiert. Lernt das Leben leben!",
sagtest du zum Abschied und: „Fast hätte ich vergessen,
euch mein Geschenk zu geben."
An der Haustür gabst du uns lächelnd das Gebet.

Anjas Mutter

Anjas Mutter hatte viele Namen: Christina, „Die Berger", „Die-schon-wieder", „Oh nein", „Die Nervensäge". Am liebsten hörte sie auf „Nana", den Namen, mit dem Anja sie rief.
An diesem Samstag im Mai parkte Christina Berger ihr Auto am Straßenrand vor „Gut Neuenthal". Aus dem Kofferraum holte sie ein großes, mit rosa Glanzpapier verpacktes Geschenk und steckte es in einen Stoffbeutel.
Sie ließ sich Zeit. Nicht Gesprächstermine mit einer der Erzieherinnen oder die gemeinsame Tischzeit in der Gruppe bestimmten ihre Schritte. Heute atmete sie aus, blies den letzten Hauch von Kampfesstimmung weit hinaus in den Frühlingstag.
In den letzten Jahren war ihr gar nicht aufgefallen, wie herrlich die blühenden Kastanien an der Allee zum Gut dufteten, dass am Wassergraben Narzissen blühten. Beim Überqueren der kleinen Brücke blieb sie stehen, sah den Enten und Blässhühnern im Wasser zu.
Aus dem Fenster über ihr tönte das Lachen fröhlicher, junger Menschen herunter.
„Nana da!", hörte sie Anja rufen. „Ich runter! Nana geht!"
Christina Berger ging auf den Innenhof des Guts. Alle Gebäude waren professionell umgebaut, um ihren Bewohnern, Menschen mit Behinderungen jeden Alters, ein optimales Wohnen und Leben zu ermöglichen. Rollstühle, Tretautos, große Dreiräder standen in der Sonne.
„Hallo, Tina!", rief Marco und sauste mit einem Roller an ihr vorbei. Seine roten Locken flogen im Wind. „Heute Anja Geburtstag, ja?"
„Ja, kommst du auch, Marco?"
„Grillen, Würstchen. Auch!" Weg war er.
„Nana!" Anja umarmte sie. „Burtstag heute! Achtzehn!"
„Ja, mein Schatz, heute wirst du achtzehn Jahre alt. Herzlichen Glückwunsch. Ich bin so stolz auf dich", sagte Christina und drückte Anja fest an sich.
„Geschenk?" Anja zeigte auf die Tasche.
„Ja, mein Geschenk für dich. Komm, wir gehen jetzt erst mal rein."
„Iss auch Raschung hab für dich, Nana!"
„Für mich?"
„Ja, tomm mit."
In der geräumigen Wohnküche tobte das Leben. Die Erziehrinnen und Praktikanten schnitten die Kuchen und Torten. Der Duft von frischem Kaffee lag in der Luft.
Christina sah auf den großen Esstisch der Gruppe. Er war noch nicht gedeckt.

Überhaupt sah es hier gar nicht geschmückt und feierlich aus. In Christina kochte der Zorn hoch. Frau Grewe, eine der Erzieherin, kannte den Blick und wusste, dass sich ein Gewitter entluden würde, wenn sie nicht schnell eingriff. „Hallo, Frau Berger. Wir sind gleich fertig und können mit dem Geburtstagskaffeetrinken beginnen. Allerdings nicht hier in der Gruppe. Stimmt doch, Anja, wir haben eine Überraschung für deine Mutter!"
„Nau, Raschung hat. Tomm, iss zeigen."
Anja zog ihre Mutter zum Aufzug, drückte selbstverständlich die richtigen Knöpfe und Zahlen und fuhr mit ihr in die Dachetage. Als die Tür sich öffnete, tanzten bunte Luftballons mit Luftschlangen von der Decke. „Willtommen, Nana. Iss jetz Wohnung hat. WG mit Sahra und Lisa. Heute iss umzieh!"
Christina stand da wie vom Blitz getroffen.
Ihre Tochter in einer WG, das Kind, das vor achtzehn Jahren mit zwei Klumpfüßen, einer schweren geistigen Behinderung und einer Schlucklähmung in ihre Arme gelegt wurde. Tränen kullerten über das makellos gepuderte Gesicht.
„Nana! Hast du?" Anja nahm sie in die Armen.
„Ich bin so glücklich, mein Schatz."
„Es war ein langer Weg, für sie beide, nicht wahr!" Frau Grewe war bepackt mit einer Schwarzwälderkirschtorte nach oben gekommen. „Anja, zeige deiner Mutter mal eure Wohnung. Die Mädchen werden hier alleine wohnen. Wir sehen ab und zu nach ihnen und helfen ein bisschen mit. Wäsche, Einkauf und das Zubereiten von kleinen Mahlzeiten haben wir zusammen geübt. Was kochst du besonders gut, Anja?"
„Pinat und Tipptäbchen", rief Anja und lachte. „Nana tomm, Wohnung sehn! Da Tüche is und Bad mit Wanne hat un Duße. Sarah Zimmer hat un Lisa da. Wir tlopfen, Hallo sagt!"
„Später, mein Schatz. Zeig mir doch mal dein Zimmer!"
„Hier is, Nana!", sagte sie und öffnete die Tür.
Es ist das Zimmer einer jungen Frau, dachte Christina, als sie die schwarze Ledercouch, den Glastisch mit Kerzen und Blumen sah. Moderne Fotographien schmückten die Wände. Nichts erinnerte mehr an die Kinderzeit.
„Anja, du hast Besuch. Komm mal bitte", rief Frau Grewe.
„Geh ruhig. Ich schaue mir in der Zwischenzeit dein Zimmer an." Christina Berger setzte sich auf die Couch, atmete Anjas Duft ein und ließ sich von ihren Erinnerungen mit auf die Reise nehmen.
„Sie haben ein schwerbehindertes Kind, Frau Berger! Finden Sie sich damit ab. Es wird nie ein normales Leben führen können", sagte damals die Kinderärztin in vernichtender Schärfe.
„Was heißt hier normales Leben? Welches Leben ist denn normal? Ich

möchte nur, dass Sie Anja für gesund erklären, damit sie in den Kindergarten kann." Christina hörte ihre Kampfesstimme durch den Nebel der Vergangenheit.
„Ihre Tochter ist krank!"
„Nein, ist sie nicht, sie führt ein Leben mit einer Behinderung, mehr nicht. Aber gut, wenn Sie nicht wollen, es geht auch anders!" Christina nahm Anja mit nach Hause und suchte im Telefonbuch nach einer heilpädagogischen Einrichtung.
„Das ist 60 Kilometer von hier", stellte sie enttäuscht fest.

„Wir haben noch einen Platz frei, Frau Berger. Wollen Sie mit Anja nicht mal vorbeikommen?" Christina Berger kam mehr als vorbei, sie kam ganz. Ihr Mann hatte sie kurz nach Anjas Geburt verlassen. Ihr fielen Abschiede nicht mehr schwer. So zog sie um, riskierte eine halbjährige Arbeitslosigkeit und einen schlechter bezahlten Job. Anja war überglücklich im Kindergarten.
„Wir empfehlen für Anja die Sonderschule G im Nachbarort, Frau Berger!"
„Aber wird da auch ihre Sprachfähigkeit entsprechend gefördert?"
„Na, ja. Die tun ihr Bestes da, aber..."
„Ich will, dass Anja sprechen lernt, wie jeder andere Mensch auch. Sie soll nicht irgendwas lernen, sondern sich im Leben zurecht zu finden, verstehen Sie!", schimpfte Christina Berger. „Ich bin nicht für halbe Sachen!"
„Wenn Sie meinen. Es gibt eine Schule, auf der sie optimal gefördert würde, aber die ist 200 Kilometer von hier entfernt."
„Geben Sie mir bitte die Adresse und Telefonnummer!"
„Glauben Sie, die haben auf Sie und Anja gewartet? Die haben über Jahre volle Schülerlisten!"
„Nun, mich brauchen die ja nicht zu nehmen. Ein Platz für Anja würde schon reichen. Aber ich kann die Adresse schon selbst herausbekommen, danke!"

„Es tut mir leid, Frau Berger. Wir sind für zwei Jahre bereits voll belegt. Leider kann ich gar nichts für Sie tun", sagte der Schulleiter.
„Das kann doch nicht wahr sein. Wo anders als auf ihrer Schule soll Anja vernünftig sprechen lernen?" Christinas Beine sackten zusammen.
„Bitte setzen Sie sich, Frau Berger. Es gibt tatsächlich eine Alternative, aber ich weiß nicht, ob Sie bereit wären, sich von Anja zu trennen."
„Wollen Sie etwa, dass ich mein Kind in ein Heim gebe? Sie ist noch so klein und alles, was ich habe!"
„Denken Sie in Ruhe darüber nach. Gut Neuenthal ist eine hervorragende heilpädagogische Einrichtung, Schule und Internat. Sie könnten Anja immer

in den Ferien besuchen ..."
„Das kommt überhaupt nicht in Frage", schluchzte sie verzweifelt.
„Bei allem, was Sie tun, sollten Sie immer an Anja denken. Aber das tun Sie ja bereits."
„Wo ist dieses Gut Neuenthal?"
„Oben in Norddeutschland. Vielleicht nehmen Sie einfach mal Kontakt auf."

Das war vor zwölf Jahren. Christina Berger zog wieder um, damit sie möglichst nah bei Anja sein konnte und sich die Besuche nicht nur auf die Ferien bezogen. Schließlich war ihr Kind noch klein. Was, wenn es krank würde? So zog Anja aufs Gut und Christina Berger auch.
„Frau Berger, wenn Sie den Kollegen unterstellen, dass sie nicht fachlich mit Anja umgehen, dann müssen Sie Ihre Tochter mitnehmen. Für den Fall, dass Anja bei uns bleibt, bitten wir Sie, Anja nur noch in den Ferien und an den Feiertagen zu sich zu holen. Wenn Sie wollen, dass Ihr Kind optimal auf das Leben vorbereitet wird, dann lernen Sie, es loszulassen!", sagte Herr Seliger, der Heimleiter, in einem der vielen Gespräche der nächsten Jahre.

Ich habe auch das Leben leben lernen müssen, dachte Christina Berger in die Stille des Zimmers hinein. Heute weiß ich, dass wir beide es geschafft haben. Es war ein langer Weg.
„Nana zau, iss noch Raschung hab. Das Feliss is, mein Freund. Ich lieb hab und er mich. Wir Liebespaar!" Anja stand mit einem jungen Mann in der Tür. Abwechselnd strahlte sie ihn und ihre Mutter an.
Eine Welle von Kampfesstimmung begann in Christina hochzusteigen.
„Iss sehr glücklich bin, Nana!" Anja stand vor ihr wie ein starkes Riff in der Brandung, fest und eigenständig. Allen Wellen zum Trotz zauberte sie ihrer Muter ein Lächeln ins Gesicht. „
„Wenn du glücklich bist, dann bin ich es auch, mein Schatz!"

Deine Schritte gehen

Deine Schritte gehen
heißt,
ich lasse Gewohntes und Vertrautes los,
nehme Abschied vom Gestern,
ziehe mich warm an,
weil der Wind von vorne bläst.
Ich lerne neu laufen.
Schritt für Schritt
drossele ich mein Tempo,
halte an,
um Luft zu holen.

Deine Schritte gehen
heißt,
mühsamer, steiler Anstieg
hinauf einen Berg.
Die Luft wird dünn.
Schweiß rinnt meinen Körper herunter.
Die Aussicht, eine Welt mit deinen Augen,
fern meiner Realität
liegt dein Wunderland,
letzte Nebelschwaden
geben den Blick frei.

Deine Schritte gehen
heißt,
den Blick schweifen lassen,
über allen Gipfeln sehe ich die Sonne.
In der Dunkelheit zünde ich ein Leuchtfeuer an.
Wir lachen mit dem Echo um die Wette.
Müde, getragen von deiner Kraft,
wandern wir gemeinsam hinab ins Tal.
Erinnerungen begleiten uns wie tanzende Schmetterlinge
und der Duft der Blumen legt sich auf den steingrauen Alltag.

Gebet: Lautes und Leises

Lieber Vater im Himmel,
manchmal kenne ich mich selbst nicht wieder.
Lautes Klagen, Schreien, Fordern
treibt meinen Körper und meine Seele um,
machen mich zur Feindin meiner selbst,
zur Gegnerin aller Regeln,
zur Kämpferin für mein Kind.
Dabei sehne ich mich so sehr nach Stille,
nach tiefem Frieden,
nach einer starken Schulter,
nach Ruhe und Schlaf,
nach leisen Tönen und weichen Kissen.
Lieber Vater im Himmel,
Lautes und Leises liegen in deiner Hand.
Verdränge das Laute in mir,
damit ich wieder hören lerne,
was du mir zu sagen hast.
Erfülle mich mit deiner Stille,
damit ich deine leisen Botschaften
und himmlischen Fingerzeige wieder spüre.
Amen.

Asenat – Die Kinder des Fremden

Fremde Mütter

Asenat – Die Kinder des Fremden

In euren Augen

In euren Augen, meine Kinder,
ist sein Leben aufgeschrieben
wie ein langer Brief.
Verzweifelnd nach Worten suchend,
an Formulierungen feilend,
mit sich ringend,
hat er allen Schmerz hineingeweint,
alle Freude hinausgelacht,
sich vor Heimweh verzehrt,
sich ohnmächtig dem Glück hingegeben.
In euren Augen, meine Kinder,
findet seine Sehnsucht
ein Zuhause,
darf er den Brief der Vergangenheit zurückschicken,
mit dem Siegel des Verzeihens verschließen,
den Stift der Erinnerung loslassen,
um in endlos frohem Lachen
und bunten Kinderträumen
zarte Wurzeln neuer Hoffnung wachsen zu sehen.

Vergessen und schenken

In jeder Nacht bist du zu mir gekommen. So sicher und so gewiss wie der große, silberne Mond den Schakal besucht, um ihn auf die Melodie der Nacht einzustimmen.
Leise hast du dich angeschlichen, wie der Leopard in der Dämmerung dem Wild auflauert, um es zu schlagen und mit sich zu tragen. Nein, so bist du nicht. Der Vergleich hinkt. Du kommst so zärtlich wie der kühle Abendwind aus der Wüste, der den Staub des Tage hinausbläst und sein Sternengold auf

die Ritzen und Fugen der Alltäglichkeit legt.
Noch immer ziehst du deine Sandalen aus, reinigst dir die Füße selbst, um auf dem wasserbleichen Marmorboden zu mir zu kommen.
So vergeht kein Tag, ohne dass du deine Kinder liebevoll mit Träumen, Segen und Gebeten deines einen Gottes in den Schlaf schickst.
Längst sind die Antilopenfelle an der Feuerschale uns zur Insel geworden, auf der die Wartende dem Reisenden begegnet, sich seinen Geschichten hingibt und ihm in ihrem Schoß stille Vergessenheit und tiefe Ruhe schenkt.
Bevor der Schlaf dich mitnimmt, begegnen mir ein letztes Mal deine Augen und du fragst mich jedes Mal: „Wer bist du?" Darauf antworte ich dir: „Ich bin Asenat, deine Frau und du bist Josef, mein geliebter Mann."
Heute Nacht bist du so ganz anders als sonst zu mir gekommen. Dein Gesicht sorgenzerfurcht, angstzerrissen, schmerzverzerrt. Schemenhaft entstellt spiegelt es Ausschnitte aus deinen Alpträumen, die Bilder aus einer Welt andeuten, die mir verborgen scheint. Du bemühst dich um ein Lächeln, küsst unsere Kinder, aber deine Berührungen bleiben fern und distanziert. Ephraïm, der Dreijährige, spürt die Spannung in dir und beginnt zu weinen.
„Ephraïm, nicht weinen, mein Sohn! Heute war kein guter Tag für mich."
„Was ist passiert, Vater?", fragt Manasse, unserer älterer Sohn.
„Mir sind heute böse Menschen begegnet!", antwortest du.
„Du brauchst keine Angst zu haben, Vater. Gott ist bei dir und alle ägyptischen Götter auch. Wie eine große Armee kämpfen sie auf deiner Seite." Manasses Augen funkeln.
„Du hast recht, mein Sohn. Schon einmal hat mich der Gott meiner Väter gerettet. Ich habe keine Angst vor den Menschen, ich habe ... "
„Schlaft jetzt und lasst euren Vater ein wenig Ruhe." Ich küsse meine beiden Söhne zur Nacht. Behutsam wie einen alten, müden Wanderer führe ich dich auf unsere Insel, löse deine Sandalen, wasche und öle deine Füße, erfrische dich mit kühlem Wein. Schweigsam lässt du alles mit dir geschehen. Ein letztes Stück Weihrauch aus Vaters Tempel in die lodernde Glut, dann begegnen sich mein Sonnengott und dein Gott in ihren Erdenkindern. Gekrümmt wie ein schutzsuchender Säugling liegst du in meinem Schoß.
„Warum hast du mich nie gefragt wer ich bin und warum ich hier bin?", fragst du in die Stille hinein.
„Ich habe gewusst, dass du es mir einmal erzählen wirst. In deinen Träumen nimmst du mich mit hinein in diese ferne Welt, spüre ich Schrammen deiner Verletzungen, höre ich Namen und Orte, die mir bis heute fremd geblieben sind." Du schließt für einen Moment die Augen.
„Wie kannst du einen Mann lieben, den du nicht kennst?"
„Nie kennt man einen Menschen ganz. Was ich von dir weiß und ahne

reicht mir. Vom ersten Moment als ich dich sah, habe ich mich in diesen in sich gekehrten Fremden verliebt, in seinen scheuen Blick, in die weichen Augen, in die gebeugten Schultern, in die bleiche Haut und das stumpfe Haar. Du schienst mir so verloren, so suchend, heimatlos und verlassen. Tiefverletzt und zugleich unzerstörbar sicher, Träumer und Realist in einem. Eine gute Mischung, finde ich." Ich beuge mich zu dir und küsse dich. „Auch wenn du durch mich, der Tochter des Ra-Priesters, die Götter Ägyptens kennenlernen solltest, ich meine, wenn unsere Ehe zwischen Priesterschaft und Pharao ausgehandelt wurde, für mich ist es Liebe gewesen und wird es immer sein. Du bist uns beiden treu, mir, der Ägypterin mit ihren vielen Göttern und deinem einen Gott, den du mit in unser Land gebracht hast und der uns beschützt, so wie er dich beschützt."

Du siehst mich an. Deine Augen wandern an meinem Körper herunter und versinken in tiefer Leere. Mit geschlossenen Augen erzählst du von deinem Leben. Plötzlich bekommen Namen und Orte einen Zusammenhang, spülen deine Tränen alle Bitternis mit hinaus. „Sie haben mich verkauft als Sklaven, ihren eigenen Bruder. Würdelos, wie ein Stück Vieh wurde mein Leib gehandelt, meine Seele im Hause Potifars missbraucht und verraten. Ich habe ihn anfleht, den Gott meiner Väter, aber er schwieg. Diese Jahre im Gefängnis, nie sprach er zu mir wie zu meinen Ahnvätern. Dennoch war er da. Heute weiß ich es, dass meine Gabe der Träume und Gesichter sein Geschenk ist. Alles, was mit uns geschieht, ist sein Plan, Asenat. Du und ich, wir sind sein Plan. Unsere Kinder sind sein Plan. Tragen sie nicht seinen Namen und meine Lebensgeschichte in ihnen? Manasse heißt ‚Gott hat mich alle Not und sogar die Heimat vergessen lassen' und Efraïm ‚Gott hat mir in der Fremde Kinder geschenkt'. Aber immer, wenn ich glaube, diesen Gott zu verstehen, dann fällt ihm etwas Neues ein, um mein Leben aus den Bahnen zu werfen."

Verzweifelt schluchzt du wie ein verletztes Kind in meinen Armen. „Heute habe ich sie gesehen, meine Brüder. Sie kamen, um Getreide zu kaufen. Ich erkannte sie sofort. Ihnen blieb ich verborgen, ein Todgeglaubter. Ihre faltigen, windgegerbten Gesichter, die gierigen, neiderfüllten Augen. Unverändert. So, wie ich zum letzten Mal sah, Asenat. Die Macht der Erinnerung kam in mir hoch, weckte den Zorn und ließ sie meine Macht und Gewalt spüren. Ich ließ sie ins Gefängnis werfen. Spüren sollen sie, wie es für mich war, auf Leben und Tod um Erbarmen winselnd von der Macht des Stärkeren abhängig zu sein. Asenat, was ich da tat, das war ich nicht. Der Hass machte mich zum Tier."

Tränen der Scham weinst du und ich versuche, dich zu trösten. Ich ziehe dich an den Händen hoch. „Komm mit!" Hand in Hand gehen wir ans Bett unserer Kinder.
„Schau dir unsere Söhne an. Wie friedlich sie schlafen. Haben sie nicht ein Recht auf Verzeihung und Versöhnung, auf eine Familie, einen Großvater, den sie noch nicht kennen? Was für ein Vater wirst du ihnen sein, wenn du der Vergangenheit nicht begegnen kannst? Was für eine Mutter werde ich ihnen sein, wenn ich diese Lebenslüge mit dir teile, Josef? Mache Frieden mit deinem alten Leben und mit seinen Menschen. Tue es für uns und für die Kinder. Du bist nicht allein. Dein Gott wird dir die Kraft und die Weisheit geben. Er möchte nicht von dir verstanden, sondern von dir geliebt werden. Der eine unaussprechliche Gott, dessen Namen du hier trägst und lebst, Zaphenat-Paneach, hat heute wieder zu dir gesprochen, um dir ein neues Leben zu geben."

Die Brücke

Beide Seiten,
zwei Ufer,
klaffende Schlucht,
reißender Fluss,
einzige Verbindung,
sicherer Steg,
Du bist die Brücke.

Ich lebte auf der einen Seite,
kannte mein sicheres Ufer,
sah mit Neugier hinein in die klaffende Schlucht,
traute mich nicht durch den reißenden Fluss,
forschend entdeckte ich den Fremden, verbanden sich unsere Blicke.
Es gab weder einen sicheren Steg
noch Fährmann oder Brücke.

Er stand auf der anderen Seite.
Suchend nach dem rettenden Ufer
wagte er sich mutig durch die klaffende Schlucht,
watete durch den reißenden Fluss.
Grenzenlos, erfahrungsreich verbanden sich unsere Leben,
webten aus dir einen ersten sicheren Steg,
bauten durch dich eine Brücke.

Du wirst der Weg zu beiden Seiten.
Menschen zweier Ufer können sich begegnen.
Klaffende Schluchten der Vorurteile überspannt,
reißende Flüsse des Unbekannten angstfrei genommen.
Du wirst zur Welt in der Vertrautes Fremdes bindet.
Wenn wir dich stark machen, kleiner Steg,
bist du die Hoffnung, die zur Brücke wächst.

Der fünfte Kontinent

Mai 1971

„Hast du es deiner Mutter schon erzählt?" Barbara löste sich aus seiner Umarmung.

„Nein, irgendwie ergab sich keine Gelegenheit. Ich muss den richtigen Moment abwarten. Du weißt doch, wie sie ist."

„Wenn du es nicht tust, Bibi, dann stehe ich eines Tages bei euch auf der Matte mit einem riesigen Blumenstrauß im Arm. ‚Frau Behrend', werde ich ihr sagen, ‚Sie bekommen die Blumen und ich Ihre Tochter ...'"

„Was für ein Tausch! Ich dachte, bei euch bekommt man für eine Braut wie mich mindestens 20 Kamele." Barbara lachte ihn an.

„Ich frage mich, was deine Mutter in eurer kleinen Wohnung mit 20 Kamelen anfangen würde? Nun, sie ist sehr geschäftstüchtig, vielleicht würde sie in der Fußgängerzone von Kaiserslautern ein orientalisches Café eröffnen. Deine Schwester hat eine tadellose Figur und wäre eine wunderschöne Bauchtänzerin." „So, du schaust dir also meine Schwester an?", sagte sie und kniff ihm in die Seite.

„Nun, findest du nicht, dass man sich seine zukünftige Familie genau ansehen sollte?"

Mit einem dicken Kloß im Hals fuhr Barbara an diesem Wochenende nach Hause. Schweren Herzens ließ sie Ardi in Frankfurt zurück. Viel zu lange hatte sie damit gewartet, ihrer verwitweten Mutter davon zu erzählen, dass sie Ardi heiraten wollte. Er war aus dem Iran nach Deutschland gekommen, um hier Maschinenbau zu studieren. Sie studierte Germanistik und Englisch. Vor einem halben Jahr hatten sie sich auf einer Party kennengelernt. Über allem Fremdsein, allen Gegensätzen und Widersprüchen, die ihre Kultur und ihr Glaube mit sich brachten, entdeckten sie schon bald ihre Gemeinsamkeiten und ihre Liebe.

„Mama, Ardi und ich möchten heiraten." So begann Barbara an diesem Abend ein langes Gespräch mit ihrer Mutter. Warnungen, Vorwürfe, Ängste

und Vorurteile saßen mit am Tisch.
„Er ist Moslem. Hast du dir eigentlich mal überlegt, was das für dich als Frau bedeutet? Wenn du hier bleibst, bist du die Frau eines Gastarbeiters. Wenn du in den Iran gehst, bist du dem Koran und seiner Familie völlig ausgeliefert. Und was wird erst aus euren Kindern? Gehören sie dann auch zum Islam, oder meinst du, dass du irgendein Recht hast, sie taufen zu lassen?", schrie ihre Mutter verzweifelt.
„Unsere Kinder werden beide Religionen kennenlernen, damit sie sich später selbst entscheiden können. Ardis Familie ist sehr gebildet und der Iran ist ein reiches Land. Lerne Ardi doch erst mal richtig kennen. Er kommt morgen Nachmittag, um mich abzuholen."
Dieser Sonntagnachmittag verlief so völlig anders als erwartet. Ardis Erzählungen entführten seine angehende Schwiegermutter in eine Welt aus tausend und einer Nacht, nicht märchenhaft unrealistisch, sondern offen und sachlich.
„Ich weiß, warum du dich in ihn verliebt hast", flüsterte Barbaras Mutter ihr beim Abschied ins Ohr. „Gebt mir und euch noch ein bisschen Zeit."
Zum Winter 1971 beendeten die beiden ihr Studium und heirateten.

Januar 1979

„Es gibt für Sie und Ihre Kinder hier keine Sicherheit mehr, Frau Palwy. Auch meine Angestellten werden in wenigen Tagen ausreisen. Strengste Order aus Bonn!" Herr Köhler von der Deutschen Botschaft in Teheran sah Barbara ernst an.
„Und mein Mann?"
„Ihr Mann hat die iranische Staatsangehörigkeit. Wir können nichts für ihn tun. Gut, dass ihre Kinder genau wie Sie einen deutschen Pass haben, sonst müssten auch sie hier bleiben."
Barbara begann bitterlich zu weinen. „Aber wir können Ardi nicht einfach zurücklassen, nur weil so ein radikaler Spinner eine Revolution anzettelt. Teheran ist seit sieben Jahren unser Zuhause, unsere Kinder sind hier geboren. Anousch geht in die Schule und Leyla in den Kindergarten. Wir haben hier unsere Freunde und unsere Arbeit. Bitte entschuldigen Sie, dass ich mich so gehen lasse."
„Ich verstehe Sie sehr gut. Meine Familie und ich leben schon seit fünfzehn Jahren hier, aber auch wir sitzen bereits auf gepackten Koffern. Wir können nicht bleiben. Sie sehen ja selbst, was dieser Fanatismus alles bewirken kann. Schauen Sie sich die Menschen an. Moderne Frauen verhüllen sich im Tschador und friedliche Angestellte werden zu randalierenden Steinewerfern. Es ist die Saat des Hasses und der Gewalt. Hier, nehmen Sie Ihre Reise-

dokumente und verlassen Sie mit ihren Kindern sofort das Land, solange noch der Flughafen geöffnet. Leben Sie wohl!"

Barbara stieg vor der Botschaft in ein Taxi. Keine Ausländerin wagte mehr mit dem eigenen Wagen die gefährliche Fahrt durch die Stadt. Barbara dachte an ihre Freundin Beate, die an einer Ampelkreuzung von einer Gruppe Radikaler aus ihrem Wagen gerissen und mit Knüppelhieben und Fußtritten schwer verletzt wurde. Nach einer kurzen Behandlung in der Privatklinik von Ardis Vater wurde sie sofort nach Deutschland ausgeflogen.

Die Fahrt zu ihrem Haus am Stadtrand schien endlos. Alles Vertraute schien Barbara fremd und feindlich. Zu Hause griff sie zum Telefon und wählte die vertraute Nummer in Deutschland: „Mama, ich bin's. Mach' dir bitte keine Sorgen. Ich habe die Flugtickets und alle Ausreisepapiere für mich und die Kinder."

„Gott sei Dank, mein Schatz. Wann kommt ihr? Und was ist mit Ardi?"

Barbara begann zu weinen. „Nur wir kommen, Mama. Für Ardi finden wir einen anderen Weg. Für die Kinder ist es ein Besuch. Sie dürfen nichts wissen von unserer Flucht, verstehst du, Mama?"

„Natürlich, mein Kind. Gib mir die Flugdaten. Heidi und ich holen euch in Frankfurt ab. Küsschen für die Kinder und Ardi. Sag ihm, wir lieben ihn und beten für ihn und seine Familie!"

Barbara schaffte es gerade noch, die Details der Reise durchzugeben, da hörte sie die Stimmen der Kinder.

„Mit wem hast du telefoniert, Mama?", fragte Leyla.

„Ich habe mit Omimi gesprochen und stell dir vor, sie hat uns zum Geburtstag nach Deutschland eingeladen", erzählte Barbara mit gespielter Begeisterung.

„Wann fliegen wir denn?", fragte Anousch.

„Schon morgen!" Barbara sah in Ardis Gesicht.

„Aber ich habe doch Schule!", meinte Anousch. „Und das Baby muss in den Kindergarten."

„Bin kein Baby. Ich will zu Omimi", bettelte Leyla.

Ardi nahm sie auf den Arm: „Zu Omimis Geburtstag gibt es schul- und kindergartenfrei, als ob der Schah Geburtstag hat. Und jetzt schnell in eure Zimmer, Koffer packen!"

Als die Kinder in den Zimmern verschwunden waren, hielten Ardi und Barbara sich lange in den Armen.

„Ich weiß, dass ich nicht mit kann. Das hier ist nicht das Ende, Bibi. Ich komme nach und dann fangen wir von vorne an. Für uns wird es überall auf der Welt ein Zuhause geben. Bis dahin musst du den Kindern Vater und Mutter sein. Lebe mit ihnen das Leben weiter, so, als wäre ich bei euch."

Mai 1982

Die kleine Wohnung war unglaublich still, wenn Barbara mit den Kindern gegen 7.30 Uhr in emsiger Hast mit Schulsachen bepackt das Haus verlassen hatte. Ardi brühte sich eine Tasse Tee auf und schaltete den Fernseher ein.

Er hoffte auf Berichte aus seiner Heimat. Umsonst. Die Welt hat uns vergessen, dachte er, und mich auch. Die Erinnerung an die Flucht holte ihn wieder ein und füllte die Stille mit schrecklichen Bildern. Ardi sah sich in dem Transporter sitzen, der sie ins Gebirge brachte. Die Angst fuhr mit. Überall gab es Straßensperren, die nur darauf warteten, Flüchtlinge aus den Wagen zu ziehen und zu erschießen. Allah ist groß, wie durch ein Wunder blieben wir verschont, dachte er. Dann der tagelange Weg durchs Gebirge ohne Wasser und Nahrung.

Wie oft habe ich gedacht, dass der Tod kommt, aber ich musste durchhalten, für die Frau, die ich liebe und für meine Kinder. So stahl ich in der Türkei, was ich zum Leben brauchte. Schon längst hatte der Hunger alle Scham vertrieben, dachte er. Am Ende aller Kräfte kam ich in Babas Haus. Statt mich an die Polizei auszuliefern, nahm mich die alte Frau auf wie ihren Sohn, erinnerte sich Adi.

„Ich lebe", sagte er seiner weinenden Frau am Telefon.

Nun war er hier. Ein verfolgter Heimatloser und Fremder in einem Land, das ihn einst ausbildete und ihn jetzt arbeitslos und tatenlos herumsitzen ließ.

„Es gibt immer ein Land, in dem wie unsere Liebe und unser Leben leben können. Erinnere dich, das hast du in Teheran zu mir gesagt", tröstete ihn Barbara. So hatten sie als Familie den Entschluss gefasst. Jetzt hieß es warten.

Ardi fand den Brief der Botschaft zwischen der Zeitung und Werbeprospekten. Er legte ihn ohne ihn zu öffnen auf den Küchentisch, zog sich an und ging in die Stadt. Er kaufte einen Blumenstrauß, Süßigkeiten, eine Flasche Sekt und Kerzen.

„Was ist denn hier los?", fragte Anousch, als er am späten Nachmittag hungrig in die Küche stürmte.

„Heute gibt es Bonbons und Schokolade zu essen, Kinder. Und für Mama gibt es einen Blumenstrauß."

„Was ist los, Ardi?", fragte Barbara erstaunt und dann strahlte sie an: „Ich weiß es, du hast eine Stelle gefunden!"

„Noch besser, Bibi! Schaut, heute ist der Brief von der Botschaft gekommen."

„Und was steht drin?", wollte Leyla wissen.

„Wir öffnen ihn zusammen und du darfst ihn vorlesen, mein Schatz", sagte Ardi und nahm Leyla auf den Schoß.

Die Siebenjährige las die Worte einer neuen, sich erfüllenden Hoffnung.
„Wir fahren zu den Känguruhs!", jubelte sie.
„Wo werden wir da wohnen? Wir kennen da doch gar keinen. Hier haben wir wenigstens Omimi und Tante Heidi", meinte Anousch.
„Wir werden dort neue Leute kennenlernen und du wirst richtige Freunde finden. In Australien leben viele Einwanderer. Da bist du nicht der stinkende Mohammedaner, sondern ein freier Mensch unter andern freien Menschen, mein Sohn. Und ich werde Arbeit finden, weil es dort egal ist, woher ich komme", beruhigte ihn Ardi.
„Niemand wird sich an unserem Leben stören, dass wir Zuckerfest und Weihnachten feiern, Ramadan und Ostern, dass eure Haut braun ist und meine weiß. Wir werden dort als Familie leben, glücklich und akzeptiert und endlich Frieden finden!", sagte Barbara und öffnete den Sekt. „Und darauf trinken wir jetzt: Auf unser Leben und unsere Liebe und auf unser neues Zuhause auf dem 5. Kontinent!"

Familie Palwy lebt seit 1982 glücklich in Brisbane, Australien. Anousch und Leyla studierten beide Medizin. Beide ließen sich dort als Ärzte nieder. Sie sind verheiratet und haben Kinder.
Barbara und Ardi, inzwischen pensionierte, leidenschaftliche Großeltern, leben und vereinigen gemeinsam mit ihrer großen Familie weiterhin in Liebe und Geborgenheit Kulturen und Religionen, Traditionen und Moderne.

Meditation -Zusammenfügen

In der Vielfalt der Menschen
den einen suchen
ihm begegnen
ihn entdecken
wie einen unbekannten Kontinent
ihn durchwandern
ihn ergründen
ihn erforschen
an gemeinsamen Stränden träumen
unerreichbar hohe, schneeverhangene Gipfel besteigen
karge Wüstenzeiten ertragen
zusammenfügen
was verbindet
nicht aus dem Auge verlieren
was trennt
um im liebenden Dennoch
den Garten des Gemeinsamen anzulegen
wachsen
blühen
Früchte reifen lassen
alles Werden und Vergehen in eine Hand zu legen
in deine Hand
unser Gott

Die Schwiegermutter des Petrus –
Deine Mutter

Die Schwiegermutter des Petrus – Deine Mutter

Sie ist deine Mutter

Du bist der Mann, den ich liebe
und sie ist deine Mutter.
Du bist Schaf und Wolf, harmlos und wild
und sie ist deine Mutter.
Du bist pedantisch, verwöhnt und unselbständig
und sie ist deine Mutter.
Du bist ein großes Kind, ein großer Junge
und sie ist deine Mutter.
Es fällt mir schwer, mir vorzustellen,
wie du als Säugling in ihren Armen gelegen hast.
Wen hat sie gestillt?
Das Lämmchen oder den Wölfling?
Hast du schon im Laufstall Erbsen gezählt
oder hat sie es für dich getan?
Warum muss sie dich heute noch Entchen nennen
und dir gekochten Schokoladenpudding ins Büro bringen?
Ich werde es nie begreifen!
Du bist der Mann, den ich liebe.
Und sie ist deine Mutter!

Josepha hat Fieber

„Es gibt kein schöneres Mädchen als Mara, Jungs. Fahrt von mir aus um den ganzen See und ihr werdet sehen!" Simon hatte wieder dieses Leuchten in seinen Augen. Die große Mittaghitze war vorbei. Im Schatten der Hafenmauer saßen die Fischer zusammen und flickten ihre Netze.

„Schaut ihn euch an!", lachte Andreas. „Unser Simon ist so verliebt, der würde sogar über das Wasser gehen!"

„Ihr spinnt ja! Flickt lieber die Netze!"

„Simon, du wirst ja rot! Sag nicht, das sei die Hitze!" Johannes grinste ihn an.

„Nein, das ist die Angst vor Josepha", wusste Andreas. „Wer heiratet schon ein Mädchen mit einer solchen Mutter?"

„Unser Simon. Den hat die Liebe blind gemacht, da stört ihn nicht mal eine garstige alte Brotspinne wie Josepha!"

„Was wisst ihr schon? So schlimm ist Josepha gar nicht", entgegnete der genervte Petrus.
„So schlimm ist sie nicht? Hört euch das an, Jungs. Die Leute erzählen, dass Josephas Schreien sogar Unwetter auslösen konnte. Wenn ihr Mann, der alte Bartholomäus, zum Fischen auf den See fuhr und nicht schnell genug wieder zurück zu ihr kam, schrie sie übers Wasser, bis der Bergwind die Flut hoch peitschte."
„Du tratscht wie ein altes Waschweib, Andreas!" Simon hatte die Nase voll, zornig warf er das Netz in den Sand. „Ich gehe jetzt zu Bartholomäus und werde ihn um Maras Hand bitten. Josepha hin oder her."
Unter dem Gelächter der Männer zog er wütend davon.
Im Schatten des knorrigen Olivenbaums vor Bartholomäus Haus saß Josepha. „Was will denn der Fischkopf hier, Mara?", fragte sie ins Haus hinein. Mara kam heraus und strahlte Simon an.
„Shalom Josepha! Shalom Mara", sagte er verlegen. „Ist Bartholomäus da? Ich muss etwas Wichtiges mit ihm besprechen.
„Das kannst du auch mit mir besprechen! Mara, verschwinde nach drinnen. Ich ahne schon, was der Kerl will. Los, red schon oder bist du jetzt so stumm wie deine Fische?"
„Ich will, ... ich möchte, also .... Ich habe ein Boot, ein Haus und ich will Mara heiraten. Gibst du uns deinen Segen, Josepha oder soll ich noch auf deinen Mann warten?", brach es aus Simon heraus.
Josepha stand auf und ging auf ihn zu. Mit ihrer ganzen Leibesfülle kam sie ihm bedrohlich nah. „Typisch, du halsstarriger, hitzköpfiger Querulant. Gleich mit der Tür ins Haus fallen. Ich frage mich, ob einer wie du der Richtige für meine Mara ist. Komm raus, Mara! Was sagst du?"
Mara lächelte aus der Haustür heraus: „Ich sage Ja, von Herzen gern!"
„Gut, Fischer, geh zum Rabbi und kläre die Sache. Ich übernehme Bartholomäus. Aber eins lass dir gesagt sein, Fischer: Wenn du nicht gut zu ihr bist, oder sie wegen einer anderen verlässt, dann breche ich dir das Genick!"
Simon bekam beim Anblick der großen, fleischigen Hände einen richtigen Schrecken.
Doch schnell vertrieb die Freude auf die Hochzeit und ein Leben mit Mara die Angst.

Zehn Jahre später trug der kühle Bergwind einen neuen Frühling ins Land. Simon kam zu Besuch in die Stadt. Wie immer ging sein erster Weg zum Gräberfeld.
Im Windhauch tanzten Blüten und Samen über die Gräber von Mara und Bartholomäus. Dieser Ort gehörte Simons Trauer und seinen Tränen.

„Du bist viel zu früh gegangen, Mara. Immer noch fällt es mir schwer, dahinter Gottes Plan zu erkennen. Vielleicht hast du mich verlassen, weil ich sonst eines Tages von dir weggegangen wäre. Er, Jesus, der Sohn Gottes, ist mir begegnet und hat mich mitgenommen. Ich bin durch ihn zum Menschenfischer geworden. Er nennt mich Petrus. Stell dir vor, ich soll der starke Felsen sein, auf den er einst seine Gemeinde bauen will. Du fragst, wer sich um unsere Kinder kümmert? Nun, sie sind bei deiner Mutter. Sie sorgt auf ihre Art gut für sie. Ich gehe jetzt zu ihr, denn heute Abend wollen Jesus und die Männer, mit denen ich unterwegs bin, bei uns zu Hause das Abendmahl einnehmen. Ich liebe dich, Mara."

„Ist jemand zu Hause?" Polternd stand Simon-Petrus im Eingang seines Hauses. Es schien merkwürdig still, fast verwaist. Die Feuerstelle war kalt. Kein Kinderlachen, keine liebenswürdig gemeine Begrüßung von Josepha. „Wo seid ihr alle?" Da hörte er ein schwaches Wimmern aus der Schlafecke. Im Halbdunkel des Raumes erkannte er Josepha, die sich schwer krank auf ihrem Lager krümmte.

„Josepha, um Himmels Willen! Was ist mit dir?" Er fasste an ihre Stirn. Sie glühte vom Fieber. „Hallo, Fischkopf. Mich hat es erwischt. Ich habe die Kinder zu den Nachbarn geschickt. Die sollen nicht sehen, wie es mit mir zu Ende geht", röchelte sie.

„So ein Unsinn. Mit dir geht es nicht zu Ende. Wäre ja gelacht, wenn du dich einfach davonstiehlst: Wer passt dann auf die Kinder auf? Nichts da! Du wirst noch gebraucht. Ich hole jemanden, der dir helfen kann!"

Simon-Petrus lief die Straße entlang Jesus entgegen. „Meister", keuchte er, als er ihn endlich gefunden hatte. „Meine Schwiegermutter ist schwer krank. Bitte komm rasch und mach sie gesund. Sie ist ein guter Mensch, meistens. Sie passt auf meine Kinder auf, wenn ich mit dir unterwegs bin."

„Führe mich zu ihr!", bat Jesus ihn.

Jesus bückte sich zu Josepha hinunter, kam der alten Frau ganz nah. „Hab' keine Angst. Ich helfe dir!", flüsterte er ihr zu.

„Mir hat noch nie einer geholfen. Wer bist du?", fragte sie mit zitteriger Stimme.

Er legte seine kühlen Hände auf ihre heiße Stirn. „Ich bin die Kraft Gottes. Meine Hände sind heilende Hände. Sie befreien von Schuld und Schmerzen, vertreiben das Böse und machen dich gesund. Fürchte dich nicht, Josepha. Das Fieber hat bereits deinen Körper verlassen. Komm, steh auf und freue dich an deinem Leben."

Nicht nur das Fieber verließ Josepha an diesem Tag. Es schien, als hätte sie die vielen harten Worte mit ausgeschwitzt. In mütterlicher Gastfreundschaft bewirtete sie Simon-Petrus, Jesus und die anderen Männer. „Pass auf dich auf, mein Junge!", sagte sie beim Abschied und nahm ihren Schwiegersohn liebevoll in die Arme. „Mara wäre stolz auf dich. Ich denke oft an sie. Je älter ich werde, um so mehr vermisse ich sie. Es ist nicht immer leicht mit den Kindern, aber sie sind alles, was ich noch habe."

„Ich danke dir dafür, dass du ihnen Mutter und Großmutter bist, Josepha. Gott beschütze dich. Leb wohl!"

Noch viele Jahre später tuschelten die Leute im Dorf, ob es an Jesus von Nazareth oder am merkwürdigen Fieber gelegen hätte, dass sich Josepha so verändert hatte. Und so mancher Ehemann in dieser Zeit wünschte seiner Schwiegermutter Josephas Fieber.

Hochzeitsmütter

Noch einmal Mutter werden – Hochzeitsmutter!
Keine neunmonatige Schwangerschaft,
kein jahrelanges Adoptionsverfahren.
Plötzlich klopft jemand an,
wartet nicht auf ein „Herein",
sondern betritt mit dreister Eigenständigkeit
den Raum, zu dem nur sie Zutritt hat.

Schließlich rief sie ihn ins Leben,
gab ihm Form und Anstrich,
füllte ihn mit Möbeln und Inventar,
machte ihn zu einem Teil von sich.
Heute steht der Maler „Liebe" da,
und, ohne sie zu fragen,
streicht er den wohlvertrauten Raum in seiner Farbe.

Das „Früher" bleibt draußen,
seine Schlösser werden ausgetauscht,
andere Stimmen füllen den Raum.
Hochzeitsmüttern wird die Tür geöffnet,
dort, wo sie jahrelang zu Hause waren.
Verändert strahlt es in neuem Licht,
ist erfüllt von Geborgenheit und Zuneigung.
Hochzeitsmütter müssen ertragen lernen,
dass sich alle guten Wünsche für ihre Kinder nun erfüllt haben.

Carla Cabrio

Carla sieht unbemerkt auf ihre knallrote Armbanduhr mit den Strasssteinen.
Frau Sieger, eine Stammkundin des Hauses, darf auf keinen Fall merken, wie sehr sie sich das Ende dieses Arbeitstages herbeisehnt. Urlaub, tanzt es in ihrem Kopf. Herrlich! Zwei Wochen Kreuzfahrt zu den Kanaren. Nur Betty und sie. Cocktails, schicke Kleider, vielleicht hier und da die eine oder andere Herrenbekanntschaft.
„Ich kann mich nicht entscheiden, Frau Campmann. Nehme ich das apfelgrüne oder das champagnerfarbene Seidennachhemd? Was meinen Sie? Ich glaube, ich komme nächste Woche noch einmal rein."
„Sehr gerne, Frau Sieger, nur werde ich sie nicht beraten können. Ich bin dann nämlich auf hoher See!" Carla strahlt überglücklich.
„Wie schön für Sie!" Frau Sieger lächelt sehnsüchtig.
Carla hält die beiden Nachthemden nebeneinander. „Ich würde Ihnen beide empfehlen. Jedes steht für eine besondere Nacht und bringt Ihren Körper auf elegant-sinnliche wie auch auf abenteuerlich-frische Weise zur Geltung."
„Sie haben recht. Niemand berät mit so viel Sachverstand und Einfühlungsvermögen wie Sie. Ich wünsche Ihnen einen schönen Urlaub und erholen Sie sich gut!"
Carla geht in den Personalraum, greift nach ihrer Handtasche. „Dich brauch ich jetzt", sagt sie zu sich und zündet sich die 14. Zigarette dieses Tages an. Ein Blick aufs Handy. Zehn Anrufe von Teresa ihrer Tochter und fünf von ihrem Schwiegersohn. Carla schaltet die Mailbox an.
„Mama, wo steckst du denn wieder? Bitte rufe mich dringend an! Ich liege im Krankenhaus. Reg dich nicht auf, nichts Schlimmes, aber bitte melde dich!"
Mit zitternden Fingern wählt Carla die Mobilnummer ihrer Tochter. „Schatz, was ist denn mit dir?", schreit sie in den Hörer.
„Brüll doch nicht so, Mama. Ich habe eine komplizierten Beinbruch. Morgen komme ich unters Messer. Peter braucht dringend deine Hilfe im Haushalt und bei den Kindern. Du hast doch ab morgen Urlaub und da haben wir gedacht ..."
„Ja, eigentlich gerne, aber ..."
„Du kannst mal wieder nicht, hätte ich mir ja auch gleich denken können. Schade, es ist nämlich wirklich ein echter Notfall, da Peter morgen mit einer Seniorengruppe in eine Freizeit fährt."
Carla atmet tief durch. Ade, du schöne Kreuzfahrt, ihr Cocktails und ihr charmanten Herren. Ade, Betty, du wirst mich steinigen, wenn ich absage.

„Ich komme zu euch. Direkt nach Feierabend fahre ich los."
„Danke, Mama! Übrigens weißt du ja: keine Süßigkeiten für die Kinder und kein Plastikspielzeug oder irgendeinen Krempel aus Taiwan!"
„Bis morgen, Teresa." Carla kennt alle Vorschriften ihrer Tochter.
„Das kann nicht dein Ernst sein, Carla!" Betty ist nach der telefonischen Reiseabsage tatsächlich noch persönlich vorbeigekommen. „Können die sich keinen Babysitter nehmen? Mensch, uns die Tour so zu vermasseln. Was sind schon deine Hyper-Bio-Wollwert-Enkel und dein langweiliger Pfarrerschwiegersohn gegen Party und blaues Meer? Wie konnten sie dich dazu bringen, das alles abzusagen?" Carla senkt den Kopf. „Du hast es ihnen gar nicht gesagt, oder?"
„Ich konnte nicht. Da fragt Teresa einmal ihre ausgeflippte Mutter um Hilfe. Was sollte ich da machen?"

Am Abend ist Carla in ihrem alten roten Cabrio bereits auf der Autobahn. Ihre roten Locken unter einem roten Seidentuch geschützt, fährt sie im Abendwind dieses Junitages ihrem Urlaub entgegen.
„Wer passt denn auf uns auf, Papa, wenn du morgen weg bist und Mama im Krankenhaus bleiben muss?", will die fünfjährige Johanna wissen. Die Zwillinge Markus und Lukas werfen die Bratkartoffeln über den Tisch.
„Lasst das, Jungs. Carla Cabrio kommt. Sie ist schon unterwegs. Mama hat sie angerufen und sie bleibt die nächsten Wochen bei euch.
„Super!", schreit Markus. „Dann gibt es Gummibärchen und Schokoküsse bis die Wampe platzt."
„Und endloses Fernsehen mit Chips und Cola!", freut sich Lukas.
„Das sage ich Mama", ärgert Johanna.
„Du Baby bist dann sowieso im Bett!", lacht Lukas.
„Sag ihnen, sie sollen damit aufhören, Papa!"
„Schluss jetzt! Es geht alles seinen normalen Gang, so, als ob Mama zu Hause sei!"
Pfarrer Simons Irrglaube sollte ihn zwei Wochen später auf fatale Weise wieder einholen.

Sehr früh steht der Reisebus startbereit mit vierzig fröhlichen Senioren vor der Kirche. Pfarrer Peter Simon versucht auf die Schnelle, das Nötigste mit seiner Schwiegermutter zu klären.
„Carla, bitte halte dich an die Absprachen. Alles Wichtige habe ich dir aufgeschrieben, ansonsten rufe mich an. Bitte verschone Teresa vor allem Ärger und vor unnötigen Diskussionen!", bittet er ein letztes Mal, bevor er in den Bus steigt. „Gute Reise, Peter. Ich werd das Kind schon schaukeln."

Carla geht zurück ins Haus. Die Kinder sind inzwischen angezogen und sitzen in der Küche.
„Oma, was gibt es denn zum Frühstück?"
„Ich weiß nicht, Lukas. Habt ihr denn kein Brot oder Marmelade? Im Schrank sind nur Getreidekörner!"
„Mama backt das Brot selbst. Zum Frühstück essen wir frische Weizenkeime mit Obst und Naturjoghurt. Dazu presst sie uns Fruchtsaft aus", erklärt ihr Johanna.
„Das kann ich nicht. In einer Stunde müsst ihr in der Schule sein. Holt eure Taschen, wir gehen frühstücken!"
Carlas Cabrio hält nach rasender Fahrt vor einem amerikanischen Schnellrestaurant.
„Hier willst du mit uns frühstücken?", fragt Lukas lachend.
„Wir dürfen da nicht rein!", trotzt Johanna. „Die holzen den Regenwald ab und das ist schlecht für die Umwelt."
„Wenn du lieber im Auto bleiben willst: Ich habe Hunger und wegen eines Brötchens wird die Welt schon nicht untergehen. Wer kommt mit?" Alle frühstücken. „Das war das schlechteste aber auch das lustigste Frühstück meines Lebens. Ich gehe gleich einkaufen und morgen frühstücken wir dann zu Hause!", schlägt Carla vor.
„Dieses Frühstück bleibt besser unser Geheimnis!", meint Lukas, als Carla ihn und Markus an der Schule absetzt.
Mittags nach der Schule durchsuchen die Zwillinge mit Erfolg die Schränke nach Süßigkeiten. „Was du alles eingekauft hast, Oma! Lukas guck mal!"
„Oh, Schokocreme und sauere Apfelringe! Super, Oma!"
„Die machen Löcher in die Zähne!", trompetet Johanna.
„Nicht, wenn wir uns die Zähne putzen!", ruft Carla aus dem Esszimmer.
„Kommt, setzt euch. Wir können essen!"
„Was gibt es denn, Oma?" Markus hat großen Hunger.
„Kleine panierte Putenschnitzel mit Pommes frites!"
„Sind die auch Bio?", fragt Johanna mit ernstem Gesicht. „Wenn dafür Tiere eingesperrt werden, esse ich nämlich nichts davon!"
„Die sind nicht Bio sondern Aldi, Johanna. Es stand nicht auf der Packung, ob die Kartoffeln und die Schnitzel früher mal glücklich waren. Probier sie einfach!" „Schmeckt klasse, Oma!", meint Lukas und stopft sich den Mund voll.

Am nächsten Morgen fährt Carla mit dem Cabrio in Krankenhaus zu ihrer Tochter.
„Und Mama? Klappt alles zu Hause?", fragt diese besorgt.

„Natürlich, mein Kind. Mach dir keine Sorgen. Die Kinder kennen sich mit allem aus. Wir haben eine Menge Spaß zusammen!"
„Ich hoffe, du verdirbst die Kinder nicht! Sie kennen nur ein Leben im Einklang mit der Natur und der Schöpfung. Bitte halte dich daran, ja!"
Natürlich halte ich mich daran, denkt Carla, als sie später den ganzen Verpackungsmüll in die viel zu kleine Tonne drücken will.
„Oma, wir trennen den Müll!", ruft Johanna aus dem Dachfenster. „Soll ich dir helfen?"
So vergehen die Tage. Die gelben Säcke vor dem Haus häufen sich.
Zwischen Schule und Fertiggerichten macht Carla mit ihren Enkeln Ausflüge. Mal parkt das rote Cabrio am Zoo, mal vor dem Kino oder der Eisdiele.
Abends findet im Pfarrhaus ein Science Fiction – Kinoabend statt. Pizza, Gummibärchen, Schokoküsse und Kindercola werden in intergalaktischen Mengen verdrückt. Als das Imperium zurückschlägt, ist es ein Uhr nachts. Die Sternenprinzessin wird ins Bett getragen. Han Solo und Luke Skywalker umarmen das erste Mal die Toilette, um sich diesen gigantischen Abend noch einmal durch den Kopf gehen zu lassen.
Leichenblass und hundemüde wanken die beiden Sternenkrieger morgens zur Schule, während sich die Prinzessin im Kindergarten übergibt.
Im Krankenhaus klingelt an diesem Morgen der Wahrheit des öfteren das Handy von Teresa Simon.
„Hallo Frau Simon? Könnten Sie bitte Johanna aus dem Kindergarten abholen. Sie übergibt sich ständig!" Frau Martin, Johannas Erzieherin, ist sehr erstaunt, als sie von Teresa Simon erfährt, dass sie im Krankenhaus ist.
„Ich habe mich schon gewundert über die Cornflakes und Trinkpäckchen. Jetzt, da ich weiß, dass Ihre Mutter auf die Kinder aufpasst, erklärt sich vieles. Alte Menschen sind ja schnell mit einer solchen Situation überfordert."
„Ich sorge dafür, dass Johanna gleich abgeholt wird." In Teresa steigt die Wut hoch.
Wieder klingelt ihr Handy. „Grundschule Süd, Kempe am Apparat. Frau Simon, ihren Söhnen geht es nicht gut. Beide übergeben sich ständig. Sie sind im Krankenzimmer und schlafen. Lukas hat von einer Videonacht erzählt."
„Ich komme!", schreit Teresa.
Sie schellt nach der Schwester. „Rufen Sie mir bitte sofort ein Taxi. Bei mir zu Hause brennt es. Wagen Sie es ja nicht, mich aufzuhalten!"

Als Teresa auf ihren Krücken ins Haus humpelt, fühlt sie sich wie auf einem fremden Stern. Vor der Tür häufen sich die gelben Säcke, stumme Zeugen des Konsumrausches der letzten Woche.
Carla kommt aus der Küche gelaufen, in der Hand ein Paket mit Fischstäb-

chen und eine bunte Packung Kartoffelpüree. „Was macht ihr denn alle hier? Ihr seid ja viel zu früh! Und du, Kind, auf Krücken!"
„Ich glaube, ich komme eher zu spät. Ihr geht ab nach oben in eure Zimmer. Ich habe mit euer Oma etwas zu besprechen!"
„Warum regst du dich eigentlich so auf?", fragt Carla nach einer endlosen Litanei an Vorwürfen. „Vielleicht war das gestern ein bisschen viel. Ich habe nicht gewollt, dass sie krank werden. Schau, ich habe die Kinder so wenig um mich, da genießen wir die Zeit eben in vollen Zügen!"
„Dir kann man seine Kinder ja auch nicht anvertrauen. Du bist unfähig, Kinder zu erziehen. Hätte ich nur auf Peter gehört. Der wollte eine Familienpflegerin aus der Gemeinde engagieren."
Carlas Augen füllen sich mit Tränen. „Hättest du das mal getan. Du hast recht. Ich bin unfähig, Kinder zu erziehen. Das sieht man schon an dir. Dass du es wagst, mir so etwas ins Gesicht zu sagen. Für deinen Mann bin ich nur die ausgeflippte Schwiegermutter, aber ich habe gedacht, für dich wäre ich mehr als nur ein Notstopfen."

Leise packt sie ihre Sachen, schaut ein letztes Mal in die Kinderzimmer der schlafenden Sternenkrieger. Wortlos verlässt sie das Haus und fährt zurück in ihr altes Leben. Während ihrer letzten Urlaubstage schließt sie sich zu Hause ein.
Am Sonntagabend ruft Betty an. Unter Tränen erzählt sie ihr, was sich im Pfarrhaus Simon abgespielt hat.
„Kaum zu glauben. Da verzichtest du auf deine Kreuzfahrt, die übrigens, so leid mir das tut, einfach fantastisch war, um dir hinterher so etwas anhören zu müssen. Selbst wenn du zu weit gegangen bist, der Ton macht die Musik."

An einem verkaufsoffenen Samstag steht Teresa plötzlich vor ihr im Geschäft.
„Mama?"
„Bitte warte einen Moment. Ich habe noch eine Kundin. Und Frau Sieger, wie gefällt ihnen der Seidenkimono?"
Frau Sieger steigt wie eine Geisha aus der Umkleidkabine. „Wunderschön, Frau Campmann. Sie haben wirklich ein tolles Gespür für die Wünsche Ihrer Kundschaft. Übrigens, wie war eigentlich Ihre Kreuzfahrt?"
„Wann warst du denn auf einer Kreuzfahrt, Mama?" Teresa schaut ganz verdutzt.
„Eigentlich vor vier Wochen, als du im Krankenhaus warst."
„Eigentlich? Sind sie gar nicht gefahren? Sie hatten sich doch schon so auf die Reise gefreut!" Frau Sieger sieht in Clara Campmanns trauriges Gesicht.

„Nein, meine Mutter ist bei uns eingesprungen", erklärt Teresa und umarmt ziemlich kleinlaut ihre Mutter. „Ich hatte einen schweren Knochenbruch und lag im Krankenhaus. Mein Mann musste dienstlich verreisen. Sie ist gekommen und hat unseren Kindern eine unglaublich glückliche Zeit geschenkt."

Ein Segen für Schwiegermütter

Herr, segne meine Schwiegermutter.
Unsere Wege verflechten sich mehr und mehr.
Unsere Gesichter bereiten sich darauf vor,
wie fremdes Niemandsland entdeckt zu werden.
Unsere Herzen geben dem Lächeln Raum.
Unsere Grenzen öffnen sich, lassen Berührungen und Umarmungen zu.
Unsere Fremdheit verwandelst du in Eigenständigkeit.
Hilf uns, dass unsere Liebe die Menschen verbindet, die uns am Herzen liegen.
Begleite uns durch Missverständnisse und Krisen.
Stärke uns in der Toleranz, die Freiheit schafft.
Segne unsere gemeinsame Lebenszeit und lass sie zu einem Segen für andere werden.

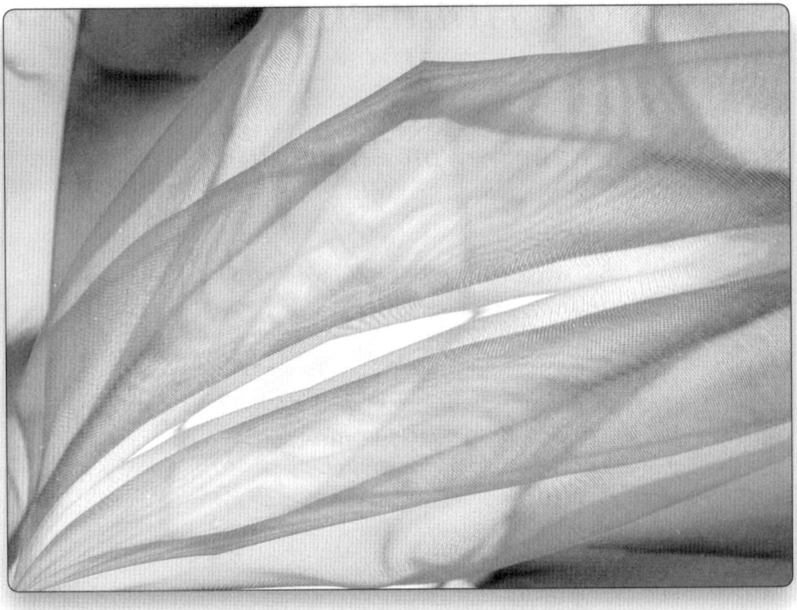

Rahel – Von dir geträumt

Vom Himmel berührt

Rahel – Von dir geträumt

Traumkind

*Wie lange habe ich auf dich gewartet,
dich erhofft,
erfleht,
ersehnt,
mich mit jeder Faser meines Körpers nach dir verzehrt,
mit jedem Gedanken dich erdacht,
mit jedem Nachtbild dich erträumt.
Nun bist du da.
Ich halte dich,
wiege dich in meinen Armen,
und nenne dich
erfüllte Hoffnung,
Geschenk der Liebe,
Traumkind.*

Der Stoff, in dem die Träume sind

Ihre tiefschwarzen Augen prüfen sorgfältig die bunten Garne, die in der Sonne trocknen. Sie umspannen die Tür ihres Hauses, schillernd wie der Regenbogen, das Lebenszeichen der aufatmenden Natur im Frühling, der Liebesbeweis des einen Gottes.
Rahels Finger ertasten die Fäden, erspüren die Wärme, das Licht ihrer Farben.
Behutsam reibt sie die Wolle zwischen ihren Fingern. Als keine Farbe mehr zurückbleibt, nimmt Rahel die bunten Garne mit hinein ins Haus. Der alte Webstuhl wartet bereits gespannt auf sie. Mit dem Bild des Stoffes vor Augen wählt sie die Farben aus, zieht die Fäden auf die Schiffchen.
„Für dich webe ich den schönsten, edelsten Stoff, den Jakobs Haus je gesehen hat. Daraus nähe ich dir ein prächtiges Kleid, einem Prinzen würdig.

Durch dich, mein Kind, bin ich zur Königin geworden."
Rahel setzt sich an den Webstuhl, ein letzter Blick hinaus in die Hitze des Tages. Im Schatten des Olivenbaums sieht sie ihn. Wie er lauscht, begierig an den Lippen seines Lehrers hängt. Alles Wissen der Welt scheint für ihn zuwenig zu sein. Für Sekunden lösen sich seine Augen und ihre Blicke berühren sich. Josef lächelt sie an und winkt ihr zu.
„Ich bin so stolz auf dich, mein Sohn", hört sie sich sagen. „Du bist anders als alle anderen Kinder deines Vaters. Du bist für alle das Zeichen unserer großen Liebe."
Rahel lässt das Schiffchen mit der purpurroten Wolle geschickt durch die Kettfäden gleiten. Sie gibt sich den Träumen dieser Farbe hin, sieht den jungen Mann vor sich stehen, die große Liebe ihres Lebens.
„Jakob, es schien mir, als ob ihn der Himmel geschickt hat. Ich war so glücklich, seit ich wusste, dass auch du mich liebtest. Was konnte uns noch trennen? Vergebens war alle meine Angst, mit einem Mann verheiratet zu werden, den ich nicht liebte. Aber deine listigen, verschlagenen Pläne, Vater, zerstörten alles. Du gabst ihm Lea, meine Schwester, zur Frau."
Rahel greift nach dem nachtblauen Faden und webt zehn große schwere Tränen ein.
„Ich durfte dich nicht alleine haben, sondern musste dich mit ihr teilen. Mir gehörte deine Liebe, aber deinen Körper hast du mit ihr geteilt. Jahre hat mein Herz nach dir geweint, Jakob. Am Tag, wenn deine liebenden Augen mir nachgingen. Nachts, wenn mich die Eifersucht wie Fieberträume quälte, rasende Fantasien von euch beiden meinen Körper hin und her warfen. Leas Körper war so fruchtbar wie ein Granatapfel. Sie schenkte sechs Söhnen das Leben. Ihr Kinderreichtum ließ sie immer schöner werden, während meine Schönheit verblasste, vertrocknete wie ein Flusslauf in der Dürre."
Rahel webt in blauen und grauen Fäden das Bild eines Flusses. In frischem Grün lässt sie an dem einen Ufer Bäume und Sträucher wachsen. Am anderen Ufer sprießen zwischen den Steinen zwei zarte, grüne Triebe hervor.
„Die Kinder meiner Magd, die ich zu Jakob schickte, um ihm Söhne auf meinem Schoß zu gebären. Auch Lea verlieh den Körper ihrer Magd, um noch mehr Söhne zu gebären. Fast tat mir die Schwester leid, fast schmerzte es mich, dass trotz aller Kinder ihre Liebe zu Jakob unerwidert blieb."
Aus brauner und gelber Wolle webte Rahel einen Weg. Spuren von Mensch und Tier zogen einher. Die kalte Fratze eines Steingötzen verschwand im Schwarz einer Höhle.
„Wir zogen fort, ohne dich zu fragen, mein Vater. Nicht länger solltest du unser Leben beherrschen. Ich trug sie fort, deine Macht, heimlich unter dem Sattel meines Reittieres. Diesen Götzen aus Stein, und du kamst uns nach,

bittend, suchend, schutzlos, gottlos. Von allen Göttern verlassen durchsuchtest du gierig unsere Habe, als wären wir Diebe. Erfolglos. Zum ersten Mal setzte ich die Grenze. Du, der mächtige Patriarch, musstest dich von den Waffen einer Frau geschlagen geben, die für dich in ihrer monatlichen Blutung unberührbar blieb. Nie hättest du mich angefasst, mich durchsucht. So blieb dir dein Hausgott für immer genommen und der eine Gott wurde dein Herr."

Ein siegreiches Lächeln zieht auf Rahels Gesicht und lässt ihre schwarzen Augen schelmisch funkeln.

Mit dem frischen blauen Garn zieht sie einen weiteren Fluss durch das Gewebe. Lässt im weißen Flaum der Lämmer einen Engel im Gewebe wachsen, übermächtig groß und doch zärtlich sanft umgibt er eine schemenhafte, menschliche Gestalt. Rahel träumt sich in das Bild hinein.

„Mein Liebster, hier findet dein Leben im Kampf mit dem Himmel seine Erfüllung. Du bist der Gesegnete Gottes, mit dem er kämpft und siegt. Und so, wie der Himmel dir begegnet, so nah ist er auch zu mir gekommen."

Rahel greift zu warmen Sonnengelb und webt ein wogendes Ährenfeld. Elf Ähren verneigen sich vor einer herausragenden Ähre im Königsgold. Darüber ein Sternenzelt. Eingewebt im tiefen Nachtblau leuchten die Gestirne in ihrer Pracht. Sonne und Mond und elf Sterne verneigen sich vor einem Königstern.

„So wird es einmal sein", träumt Rahel. „Du bist ein besonderes Kind, Josef. Gott, der Herr, hat dich mit besonderen Gaben beschenkt. Dein Weg wird zwischen Traum und Realität gezeichnet sein. Gott wird dich groß machen. Alle werden dir dienen und dir zu Füßen liegen, deine Brüder und auch das Kind, dass ich unter meinem Herzen trage. Mit dir sind meine Träume in Erfüllung gegangen. Du bist mein Prinz, mein Traumkind. So ist dein Name letztlich Verheißung: Josef, denn Gott wird meinem Leben ein weiteres Kind schenken."

Mein Weg

Zwischen Hoffen und Warten liegt mein Weg.
Auf einem Stück ist er groß und weit,
mit Rosenblättern ausgestreut.
Es ist unser Liebesweg,
den wir zusammen gehen.
Doch unerwartet bleibst du stehen
und gehst deinen eigenen Weg,
ich sehe dich und kann dich nicht erreichen
rufe dir zu, sende dir Zeichen.

Keine Antwort. Ich gehe meinen Weg.
Er läuft zu deinem parallel,
siehst du nicht, wie ich mich quäl?
Ist nur dein Weg
auch das Ziel?
Forderst du von mir nicht viel zuviel?
Zwischen Hoffen und Warten verlasse ich den Weg.
Ich gehe,
weil ich erfüllte Hoffnung sehe,
einen neuen Weg.
Gottvoll und entscheidungsstark es wagen,
will neues Leben in mir und lasse mich vom Leben tragen.

Zwischen Update und Picasso

„Verflixt!" Mit Katalogen und Akten bepackt, versuchte Rahel von Grevenstein den Schlüssel aus dem Schnee zu angeln.
„Heute ist die Erdanziehungskraft besonders groß. Dieser elende Schnee!" Ihre eiskalten Finger ertasteten den Schlüssel, der zur Kunstgalerie gehörte, in der Rahel als Kunsthistorikerin arbeitete.
„Feierabend! Jetzt schnell zu Antonio einkaufen und dann ab nach Hause."
„Bona sera, Bellissima!", begrüßte sie Antonio. „Chabe schon fertig! Procuitto di Parma, Antipatsi Misti, für Giacomo eine traumhafte Salami. Dazu euer Chianti und extra Weihnachtsgruß für dich, Amore, eine Pannetone aus meine Zuhause."
„Danke Toni, was bekommst du?"
„Machte 95,00 Euro!"
Ich könnte mal wieder selber kochen, dachte Rahel, als sie im Schneegestöber auf der Oberkasseler Brücke im Stau stand. Eigentlich kann ich mich gar nicht mehr daran erinnern, wie das geht. Hab' auch keine Zeit dazu, zwölf Stunden Job und dann noch kochen? So ist es einfacher. Wenn Jakob von der Bank nach Hause kommt, steht alles auf dem Tisch, Kerzen an, Wein auf, fertig.
Aus dem beschlagenen Wagenfenster sah Rahel hinaus. Schemenhafte Schatten von Müttern mit ihren Kindern gingen vorbei. Stimmen und Kinderlachen übertönte das Motorengeräusch. Mit ihren Schlitten zogen sie zu den Rheinwiesen. „Es schneit, es schneit, kommt alle aus dem Haus", sangen sie. Rahel lächelte ihnen nach, wehmütig, mit dieser tiefen Leere, die sie seit einiger Zeit immer wieder heimsuchte.
„Wie wäre es, wenn wir heiraten und eine Familie gründen?", fragte sie Jakob, als sie im Kerzenschein ihrer Penthousewohnung Antonios Delikatessen verspeisten.

„Machst du mir einen Heiratsantrag, mein Schatz? Das ist doch eigentlich meine Aufgabe oder habe ich eine kleine Emanze hier sitzen?"
„Quatsch. Aber du machst mir ja keinen. Manchmal frag' ich mich, ob du das überhaupt je tun wirst."
„Aber Schatz, wir waren uns doch einig: erst Beruf und Karriere und viele tolle Dinge, von denen wir im Studium geträumt haben ..."
„Aber ich träume jetzt anders. Ich hätte gerne einen Mann und Kinder."
„Was brauchen wir einen Trauschein? Und Kinder? Wie sollen wir das schaffen? Ich habe einen Fulltimejob und du auch. Windeln wechseln zwischen Update und Picassoausstellung. Wie stellst du dir das vor? Ich habe keine Zeit für ein Kind oder willst du es vielleicht mit in deine Galerie nehmen? Außerdem machen mir Kinder keinen Spaß, ich habe mehr Spaß am Kinder machen." Jakob stand auf und legte zärtlich die Arme um Rahel. „Was hältst du von der Idee?"
„Lass mich in Ruhe. Manchmal glaube ich, du denkst nur an dich. Ich möchte gerne ein Kind, und einen Weg, wie wir alles unter einen Hut bekämen, fänden wir bestimmt auch. Meine Schwester hat vier Kinder. Die kriegt ihr Leben und ihren Beruf auch in den Griff!"
„Schau, wie sie aussieht, deine Schwester Lea! Fett und faltig, wie ein altes Mutterschaf. Willst du das auch? Ich will dich lieber so, wie du bist. Ich liebe dich, meinen Job und unser Leben. Nächste Woche fliegen wir in die Karibik, nur wir zwei und das werden wir so richtig genießen: keine Kunden, keine Termine, keine Kinder."

Rahel wälzte sich im Bett hin und her, ihre Gedanken ließen sie nicht zur Ruhe kommen. Auf einmal schien in ihrem wohlgeordneten Leben alles falsch zu laufen. Zweifel mischten sich in ihre Gedanken und Wachträume. Ist das wirklich das Leben, das ich führen möchte? Ist Jakob wirklich der Richtige? Ist er nicht mit seiner Arbeit verheiratet? Bin ich nur die Frau für das Private in seinem Leben? Heißen seine Kinder nicht Kunden, Börse, Aktien, Dividenden?
Der Schnee vom Vorabend war zu grauem Matsch geschmolzen. Dicker Regen lag über Düsseldorf und über Rahels Gefühlen.
„Mich hat ein Virus erwischt", hatte sie am Telefon gelogen. Sie fühlte sich richtig krank. Bei dem Gedanken, mit Jakob in die Karibik zu fahren, wurde ihr so schlecht, dass sie sich übergeben musste.
„Ich muss hier raus! Klar denken und Dinge ordnen. Ich melde mich. Gruß Rahel."
So stand es in dem Brief, den sie für Jakob auf den Küchentisch gelegt hatte. Rahel saß bereits im ICE nach München. Sie griff zum Handy und wählte

Leas Nummer.
„Ich bin's! Darf ich für ein paar Tage zu euch kommen? Ich muss hier mal raus!"
„Wir freuen uns. Rufe an, wenn du am Bahnhof bist, wir holen dich ab."
Am verschneiten Bahnhof des Voralpenstädtchens wartete ein Kleinbus voller Kinder und mit einer schwangeren Frau.
„Schaut Kinder, da kommt Tante Rahel!" Die Kinder stürmten auf sie zu.
„Wir bekommen zu Ostern ein Baby", plapperte der kleine Simeon munter drauflos. „Wie schön, dass du da bist!" Lea nahm die Schwester in den Arm. „Du siehst blass aus! Hast wahrscheinlich zu viel gearbeitet. Aber wir machen dich schon wieder fit, oder, Kinder?"
„Klaro! Hast du Lust, mit mir Schlitten zu fahren?", fragte Benjamin.
„Oder mit Papa und uns in den Wald zu gehen, einen Baum schlagen und die Tiere füttern?", wollte Ruben wissen.
„Tante Rahel backt mit mir Plätzchen!", bestimmte die vierjährige Dina.
„Wenn wir das nacheinander machen, würde ich gerne alles mit euch tun", lachte Rahel.
Es wurden herrlich volle Tage, geschenkte Momente, erfüllte Zeit.
Im Kamin prasselte bereits das Feuer, als Rahel nach der vierten Gutenachtgeschichte ins Wohnzimmer kam. Ihre Schwester hatte eine Flasche Sekt geöffnet.
„Zur Feier des Tages trinken wir beide ein Gläschen."
„Wo ist dein Mann?"
„Heute ist Mittwoch, da geht er immer mit seinen Freunden zum Schafskopfspielen. Schafsköpfe halt!"
Die Schwestern lachten und stießen an.
„Es ist wunderschön hier bei euch. Jetzt erst weiß ich, was ich so lange vermisst habe", sagte Rahel und spürte die wohlige Wärme des Feuers und des Sekts in ihr hochsteigen. „Du hast wirklich alles, was du dir wünschst, Lea."
„So, wirklich, habe ich das? Weißt du, Rahel, wie oft ich dich um deine Schönheit beneide, um deine Freiheit, um deinen beruflichen Erfolg, um deinen beeindruckenden Freund? Glaube nicht, dass es hier einfach ist. Vier Kinder großzuziehen und ein weiteres zu erwarten. Das ist alles andere als romantisch. Zum Schreiben komme ich kaum noch. Meine Arbeit als Journalistin ist auf die Kolumne unseres Stadtblättchens heruntergeschrumpft. Hausarbeit und Kindererziehung, Schulaufgaben und Kinderarzt sind jetzt die Schlagzeilen in meinem Leben. Max verdient als Lehrer zwar genug, aber große Sprünge können wir nicht machen. Ich bin froh, dass ich ihn habe. Wir haben uns gemeinsam ein solches Leben gewünscht und ziehen das jetzt auch gemeinsam durch. Es geht nur zusammen, Rahel."

Rahel spürte die Tränen in ihren Augen Sie ließ sie wie warme Bäche über ihr Gesicht fließen. „Ich sehne mich so sehr nach einer Familie. Wie sehr, das habe ich erst hier bei euch gemerkt. Vielleicht nicht gerade fünf Kinder. Ein Kind, das wäre schön. Aber mir fehlt der richtige Partner dazu. Jakob ist mit seinem Job und seinem Erfolg verheiratet."
„Er liebt dich doch!" Lea nahm Rahel tröstend in die Arme.
„Ja, er liebt mich, als Frau, als Geliebte aber nicht als die Mutter seiner Kinder", schluchzte Rahel. „Er hat sich für ein Leben entschieden, in das eine Frau und ein Kind nicht hineinpassen."
„Wichtig ist, wofür du dich entscheidest. Wenn es dein tiefster Wunsch, dein Lebenstraum ist, ein Kind zu bekommen, dann ist dein Traummann nicht der Richtige. Gut!"
„Gut? Was ist daran gut?"
„Gut ist, dass ihr beide das jetzt merkt. Noch seid ihr beide frei, Entscheidungen für euer Leben zu treffen. Alles ist offen, Rahel. Überlege dir gut, was du willst und wen du willst!"
In dieser klaren, kalten Sternennacht schlief Rahel tief und fest und kurz. Morgens um sechs klopfte es leise an ihrer Tür. Durch einen winzigen Spalt sahen Kinderaugen zu ihr herein. „Tante Rahel, dürfen wir zu dir in Bett?", flüsterte Simeons Stimme.
„Wer ist wir?", fragte Rahel verschlafen.
„Wir Kinder und Agathe, unser Hund!", flüsterte Benjamin.
„Und Bruno, mein Bär!", rief Dina.
„Na, kommt!", lachte Rahel. Alle kuschelten sich bei ihr ein.
„Was wünscht du dir eigentlich vom Christkind?", fragte Benjamin.
„Ich wünsche mir ein Baby."
„Das geht aber nicht!", sagte Dina energisch. „Babys bringt nur der Klapperstorch und der macht jetzt Urlaub in Afrika!"
„Im Frühling kommt der erst zu uns und bringt unser Brüderchen", wusste Simeon zu berichten. „Aber dann schicken wir ihn gleich zu dir."
„Wie soll er dich in der großen Stadt finden?" Ruben dachte laut nach.
„Mit deinem Trick, Ruben. Was bei uns klappt, klappt bei Tante Rahel auch!" Benjamins Augen leuchteten.
„Jetzt macht ihr mich aber wirklich neugierig." Rahel sah die Kinder erwartungsvoll an.
„Moment!", rief Ruben und flitzte aus dem Zimmer. „Weißt du, immer wenn wir uns ein neues Baby wünschen, dann legt Ruben in der Nacht etwas vor Papas und Mamas Schlafzimmer", erklärt Simeon.
„Du kannst jetzt kommen. Ich bin fertig", sagte Ruben grinsend. Rahel stand auf. Vor ihrer Tür hatte er aus weißen Mullbinden ein Kreuz gelegt.

„Und was soll das sein?", fragte sie in die Runde.
„Siehst du es denn nicht?", fragte Dina erstaunt. „Das ist doch das Landekreuz für den Klapperstorch!"

Traummütter

Kanufahren,
Tennis,
Reiten,
wir Mütter konkurrieren, streiten,
weil unser Kind das Beste ist.
Was stellen wir nur alles an,
damit es alles weiß und alles kann?
Was einmal unsre Träume waren,
wir unsern Kindern nicht ersparen.

Malen,
Fußball,
Geige spielen,
wir Mütter uns als Chauffeure fühlen.
Haben wir nicht einen Knall?
Statt Kinderzeit bewusst zu leben,
wird unser Sprössling abgegeben.
Hat kein Talent und leidet Qualen,
wir sehen zu und müssen zahlen.

Judo,
Klavierstunden,
Eiskunstlaufen,
statt mit Lachen, Toben, Raufen,
die Welt mit Kindern zu erkunden,
gemeinsam Streiche auszuhecken
und das Leben zu entdecken,
verplempern wir die Zeit nur so,
und machen dabei keinen froh.

Traumkinder, beschenkt mit Gottes Gaben,
wollen etwas andres haben:
Traummütter, die spielen, lachen
und mit ihnen Späße machen,

zuhören und Kummer teilen
und nicht zu Terminen eilen.
Drum Traummütter, macht euch bereit
für eine traumhaft schöne Kinderzeit!

Von dir geträumt

„Wie lange noch, Herr?"
Sein letzter Gedanke bevor, er seine Augen schließt.
Erschöpft von Dunkelheit und dem feuchten Gestank der Zelle sucht Josef verzweifelt Schlaf, wälzt sich auf dem harten Stein einem weiteren Tag seiner unendlichen Gefangenschaft entgegen.
Die Ratten pfeifen ein letztes Lied zur Nacht. Seine Erinnerung sucht das tiefvergrabene Bild, das er früher einmal Himmel genannt hatte, arbeitet sich durch schwarzen Nebel hindurch der Vorstellung von Mond und Sternen entgegen. Die schmutzige Haut tastet die Luft nach dem sandigen Abendwind der Wüste ab.
Josef ist allein, ganz allein.
Sattgefressen von den Brotresten auf dem Blechteller verlassen ihn selbst die Ratten, huschen zwischen den Ritzen und Fugen des Gemäuers fort in die geheime Welt, die Freiheit heißt.
Seine Träume bleiben der einzige Zufluchtsort. Aller Hass, alle Verzweiflung toben sich hier aus, treiben die schlimmsten Erlebnisse aus ihm heraus.
Doch an den kalten Mauern prallen alle Schreie ungehört ab.
In dieser Nacht ist alles anders. Eine Frau zerreißt die Einsamkeit wie einen Trauermantel und legt ihm mit ihren zärtlich bekannten Händen seinen Mantel über.
Gewebt in glücklicher Kinderzeit, als die Freiheit unendlich scheint. In der Tage nicht enden wollen. Sie hat ihn gewebt für Josef, ihren Sohn, den Prinzen ihres Herzens.
„Mutter", flüstert er mit gebrochener Stimme. „Bist du da?"
„Ja, mein geliebtes Traumkind, mein Prinz!", sagt sie und streichelt liebevoll seinen Kopf.
„Ich bin schon lange kein Prinz mehr! Schau, was aus mir geworden ist", hört sich Josef sagen.
„Gott geht Wege mit uns, die wir nicht verstehen können. Tiefes Leid und unbeschreibliche Freude liegen in einer Hand. Halte durch, sei stark, ich bin bei dir und lasse dich nicht allein."
„Wann hat das alles ein Ende, Mutter?" Josef weint, wie einst als kleines Kind.

Seine Mutter hebt behutsam seinen Kopf, legt ihn in ihren Schoß und trocknet seine Tränen mit dem Ärmel ihres Gewandes. „Das ist erst der Anfang, mein geliebtes Kind. Wo du und ich das Ende sehen, beginnt bei Gott neues Leben. Er hat dich mit einer großen Gabe beschenkt. Hat er nicht in deinen Träumen immer wieder zu dir gesprochen? Sie werden dich in die Freiheit führen. Du wirst leben und verzeihen lernen."

„Leben und verzeihen, niemals. Ich bin der Vergessene, tief in der Zisterne begraben, dem Totenreich nahe. Hoffnungslos ..." Josefs Stimme versagt in den Tränen.

„Aber nicht gottlos. Gib nicht auf, nicht dich, nicht dein Leben, nicht deinen Gott. Ich habe dich nicht umsonst geboren aus diesem Schoß, in dem du jetzt liegst. Schon Morgen werden sich die Türen öffnen, alle Ketten von dir abfallen. Nah ist die Zeit, in der deine Wächter vor dir auf die Knie fallen werden, Herrscher des mächtigen Ägyptens. Drum schlafe dich aus. Komm zur Ruhe, sei geborgen und behütet, mein Prinz, mein Traumkind."

So schläft Josef einen tiefen Kinderschlaf, träumt sich auf die grünen Hügel Kanaans, sieht die Sonne untergehen und läuft der Mutter entgegen, die vor dem Zelt auf ihn wartet.

Wie in Trance lässt er sich an diesem neuen Tag die Ketten abnehmen. Blinzelnd, geblendet vom Sonnenlicht, straucheln seine Füße hinaus in sein neues Leben.

Erfüllung

In einem Meer, umgeben von Traumwinden,
die Insel der Erfüllung liegt.
Jedem ganz zu eigen.
Du, Herr, weißt, was wir erhoffen.
Schon bevor wir unser Schiff dorthin besteigen,
hast du den Samen der Erfüllung ausgelegt,
hast ihn gegossen und gepflegt.
Treibst uns im Traumwinde voran,
hältst uns auf Kurs. Und ist die See auch weit und offen,
legen wir sicher mit dir an.
Und was wir finden
ist Erfüllung, die über alle unsere Erwartung siegt.

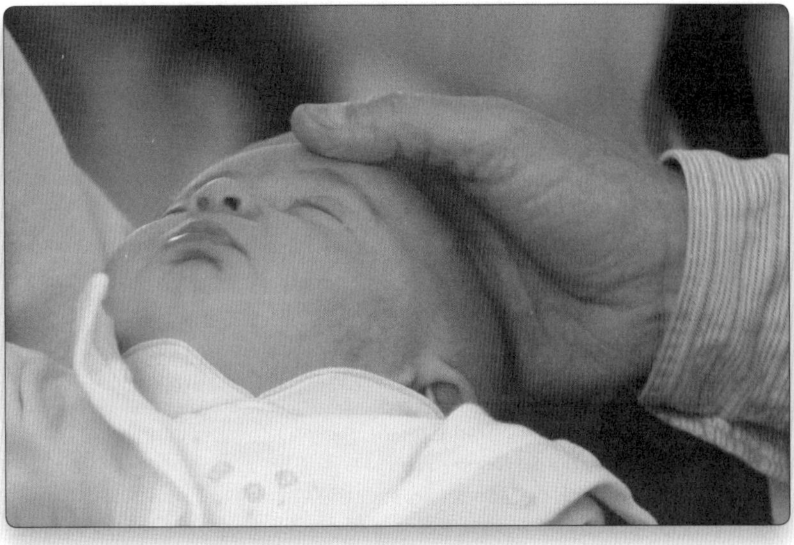

Die Segnung der Kinder –
Den Himmel entdecken

Die Segnung der Kinder – Den Himmel entdecken

Kinderland

*Wunderlos und Wundergroß,
Erdenschwer und Himmelsleicht,
Lebenssatt und Hoffnungsvoll
gehen Hand in Hand:
Ich und du,
groß und klein,
in das Kinderland.*

*Wolkenzelt und Blumenwelt,
Meer, das bis zur Sonne reicht,
Eichenblatt und Donnergroll
neuentdeckt und unbekannt:
Ich und du,
groß und klein,
heut' im Kinderland.*

*Durch schwarze Nacht und Sternenpracht,
wo Silbermond der Sonne weicht,
das Nebelmatt verjagen soll,
liegt unsrer Insel weißer Strand:
Ich und du,
groß und klein,
auf dem Weg ins Kinderland.*

*In unsrer Welt, mein kleiner Held,
unsre Zeit ganz heimlich schleicht.
Doch über das, was uns bewegt, einer seinen Segen legt,
seinen Regenbogen spannt,
für dich und mich,
klein und groß,
überm Kinderland.*

Der Zauberer

Tabea küsste Joram zum Abschied.
„Ich bin so stolz auf dich, dass du einer der Synagogenvorsteher bist. Besonders heute, da dieser Rabbi und Wunderheiler zu uns kommt. Und mein Mann wird alles herrichten und schmücken."
„Ehrlich gesagt bin ich ziemlich nervös, Tabea. Ich hoffe, dass ich alles richtig mache. Grüß die Kinder von mir, wenn sie wach werden. Bitte erinnere Samuel daran, das Holz zu hacken und Rebecca soll dir in deinem Zustand beim Wassertragen helfen."
„Mach dir keine Sorgen, wir haben alles im Griff!"
„Wo ist Papa? Was gibt es zu essen?", fragte der achtjährige Samuel verschlafen, als Tabea zurück ins Haus kam.
„Papa ist zur Synagoge. Heute kommt doch der Rabbi aus Nazareth."
„Den will ich auch sehen!", forderte Samuel.
„Ich auch", rief die kleine Rebecca von ihrem Nachtlager.
„Warum hat Papa uns nicht mitgenommen? Die Kinder auf der Straße sagen, der Mann aus Nazareth sei ein Zauberer. Er soll aus Wasser Wein gemacht haben. Außerdem soll er gesund machen können und meine Freundin Sarai ist krank. Bitte, Mama, lass uns dahin gehen!"
„Kinder, ihr wisst doch, dass wir das nicht dürfen. Frauen und Kinder gehören nicht in die Nähe eines solchen Rabbis und Propheten. Außerdem gibt es viel zu tun. Steht jetzt auf, trinkt eure Ziegenmilch und dann geht Samuel draußen Holz hacken und du, Kleines, hilfst mir beim Wasserholen. Befehl eures Vaters."
Mit langen Gesichtern gingen die Kinder an die Arbeit.
Am Brunnen gab es lautes Geschwätz. Die Frauen und Mädchen hatten nur ein Thema.
„Er hat wunderbare Augen und Hände!", schwärmte Tamar.
„Bei dir haben doch alle Männer wunderbare Augen und Hände. Lass das bloß nicht deinen Mann hören. Sonst haben wir nach dem Propheten noch eine Steinigung im Dorf", lachte die alte Ruth höhnisch.
„Tamar meint das anders. Ich habe ihn gesehen. Ein Blick allein genügt, um Menschen gesund zu machen. Wen seine Hände berühren, der kann augenblicklich aufstehen oder sehen oder ist vom Aussatz geheilt. Ich habe es in Kapernaum selbst mit angesehen!", erzählte Lea fasziniert.
„Tut er das für Geld? Ist er ein Arzt oder ein Rabbi?", fragte Sarais Mutter.
„Nein, er heilt alle, die Hilfe brauchen. Er sagt, er sei der Messias und Gott habe ihm die Kraft dazu gegeben."
„Was du sagst ist Gotteslästerung, Lea!" Ruth wurde zornig. „Der Messias

zieht bestimmt nicht wie ein verwahrloster Landstreicher mit einer Gruppe ungewaschener Männer durchs Land. Er ist viel zu erhaben, um sich um uns Menschen zu kümmern. Warum sollte er sich an sündigen, kranken Menschen die Hände schmutzig machen?"

„Er sagt, mit ihm sei Gottes Liebe zu den Menschen gekommen. Gott sei unser Vater und wir alle seine Kinder," rief Tamar.

„Was nützt es uns?", warf Tabea ein.

„Wir sind Mütter und zusammen mit unseren unmündigen Kindern haben wir in seiner Nähe nichts zu suchen."

„Warum sollten wir ihn uns nicht angucken, Mama?" Rebecca zog heftig an Tabeas Gewandt. „Wenn er alle Menschen lieb hat, warum dann nicht auch uns Kinder?"

„Du weißt nicht was du da sagst, Kind", schimpfte die alte Ruth. „Im Gesetz steht genau geschrieben, was wir tun und lassen sollen, da können wir uns nicht einfach drüber hinwegsetzen. Was würde wohl dein Mann, der neue Synagogenvorsteher, sagen, Tabea, wenn wir als Mütter mit unseren Kindern dort aufkreuzen würden?"

„Ich glaube, er würde sich wundern, aber wenn wir ihm erklären, dass wir uns von dem neuen Rabbi den Segen für unsere Kinder erbitten, würde er es verstehen", antwortete sie entschieden.

„Aber unsere Kinder arbeiten. Wir müssten sie alle zusammenrufen."

„Wenn dieser Mann der Sohn Gottes ist und unseren Kindern seinen Segen gibt, kann alle Arbeit warten. Kommt, lasst uns unsere Kinder holen. In einer Stunde treffen wir uns hier am Brunnen und gehen zusammen!", rief Tabea und fühlte sich wie eine Aufständische.

„Prima, Mama. Ich bin stolz auf dich!" Rebecca drückte ihre Hand.

„Es war deine Idee, mein Kind. Hol deinen Bruder!"

„Wir sehen gleich den Zauberer, wir sehen gleich den Zauberer!", sang Rebecca. „Samuel, lass das Holz liegen. Komm, alle Mütter und alle Kinder gehen zusammen zum Zauberer. Wir wollen ihn bitten, uns zu segnen."

„Du und dein Zauberer. Ein Zauberer segnet nicht, das macht nur ein Mann Gottes, dummes Kind. Meinst du, er segnet Kinder, die von Weibern gebracht werden? Aber besser als Holz hacken ist es allemal." Samuel ließ die Axt fallen und rannte hinter Rebecca her.

Jorams Gesicht war vor Entsetzen gezeichnet. Alles um und in der Synagoge war für den Rabbi aus Nazareth vorbereitet. Von der Landstraße sah er ihn und seine Männer direkt auf die Synagoge zukommen. Von der Dorfstraße jedoch nahte das Unglück, bestehend aus einer singenden und tanzenden Gruppe von Frauen und Kindern. Jorams Frau führte mit ihren Kindern die Meute an.

„Bist du von allen guten Geistern verlassen!", rief er ihr zu. „Dreht um und verschwindet! Da kommt schon der Rabbi aus Nazareth. Was ist bloß in euch gefahren?"
„Wir wollen zum Rabbi, Papa! Er soll uns segnen!", posaunte Samuel heraus und holte sich von Joram eine deftige Backpfeife.
„Hier hast du den Segen. Tabea, was soll das hier?"
Tabea tröstete ihren weinenden Sohn. „Wir wollen den Rabbi bitten, unsere Kinder zu segnen. Es heißt, dass seine Liebe allen Menschen gilt. Warum also nicht auch uns?"
Joram dachte verzweifelt an seine Stellung in der Synagoge und in der Dorfgemeinschaft. Er war weder in der Lage, den Gottesdienst von Störungen frei zu halten, noch hatte er seine Familie im Griff.
Inzwischen war die Mutter-Kind-Gruppe beim Rabbi aus Nazareth angekommen. Die Frauen hielten ihm ihre Kinder entgegen. Die Männer um ihn herum drängten sie weg.
„Verschwindet, ihr habt hier nichts verloren. Geht zurück in eure Häuser, an eure Feuerstellen und an eure Arbeit. Beleidigt den Meister nicht mit Kindergeschrei und Weibergeschwätz!"
Der Rabbi, der bisher geschwiegen hatte, sah jetzt zu ihnen auf. Tamar hatte recht. Aus seinen Augen strahlte viel Liebe und Wärme.
„Lasst die Mütter mit ihren Kindern zu mir. Wie könnt ihr es wagen, sie aufzuhalten?", herrschte er die Männer an.
Joram verschlug es die Sprache.
„Wisst ihr denn nicht, dass ich für alle Menschen gekommen bin, besonders für die schwachen und kleinen? Ihnen gilt meine Liebe ganz besonders. Von den Kindern könnt ihr den richtigen Glauben lernen. Sie glauben frei und ohne Vorurteile. Große, weltbewegende Dinge berühren sie nicht, aber der verletzte Spatz auf der Erde rührt sie zu Tränen. Sie lieben und glauben grenzenlos. Wahrlich, ich sage euch, wer das Himmelreich nicht mit den Augen eines Kindes entdeckt, für den wird es verschlossen bleiben." Er ging auf die Mütter zu, nahm die Kinder auf den Arm, lachte und spielte mit ihnen. Dann legte er ihnen behutsam seine Hände auf und segnete sie.
Als Joram an diesem Abend nach Hause kam, wusste er nicht so recht, was er sagen sollte. Sein erster Tag als Synagogenvorsteher hatte mit einer Katastrophe begonnen. Jorams Herz fiel es schwer, zornig zu sein. Ein merkwürdiger Zauber lag auf ihm. Er warf einen Blick durchs Fenster. Wie friedlich Rebecca und Tabea an der Feuerstelle kochten und Samuel das Holz nachlegte. Dann trat er ein
„Schön, dass du da bist. Setz dich, gleich können wir essen", sagte Tabea.
Eigentlich sollte sich an dieser Stelle Jorams Zorn wie ein Gewittersturm über

dem Meer entladen. Stattdessen nahm er Tabeas Hand.
„Ihr habt seinen Segen in unser Haus getragen!", lächelte Joram. „Ihr ward Gott heute näher als ich mit allem Schmuck und Gesetz in der Synagoge."
Rebecca drängelte auf seinen Arm und drückte ihn ganz fest.
„Er ist ein Zauberer, Vater. Weißt du, er verzaubert Herzen!"

Mit den Augen unserer Kinder

Kinder jubeln,
Kinder singen,
Kinder lachen,
Kinder tanzen,
Kinder stampfen,
Kinder springen,
Kinder beten,
Kinder toben,
Kinder feiern ihren Gott.

Nicht eingesperrt in Kirchenbänken,
sondern schmetterlingsfrei
begegnen sie ihm.
Manchmal spielt er mit im Sandkasten oder
sitzt im Puppenwagen,
manchmal fährt er Bobbycar oder
kauft im Kaufladen ein,
manchmal hält er den kranken Teddy im Arm oder
ist bei Oma zu Besuch.

Warum wir Gott dort nicht treffen?
Vielleicht haben wir es verlernt, ihn mit den Augen
unserer Kinder zu sehen.

Weihnachten in Glückstadt oder *Wie das Christkind im Puppenwagen nach Hause fuhr*

Glückstadt ist eine kleine Gemeinde. Wo? Nun eigentlich könnte sie überall liegen, ähneln Pfarrer, Presbyterium und Gemeinde doch so manchem uns bekannten Kirchensprengel. Um die Kirche im alten Dorf hat sich neben den Häusern der Alteingesessenen eine große Siedlung Neuzugezogener gesellt.

Pfarrer Herbert Hirte sieht auf seiner täglichen Radtour durch die Gemeinde mit großer Freude, dass vor so manchem Niedrigenergiehaus Marke „Sonnenkäfer" ein Kinderwagen steht oder eine junge Frau mit wohlgerundetem Leib den Vorgarten bestellt.
Neue Schäfchen, denkt er und schmunzelt.
Seine Konfirmanden richtet er darauf ab, kleine Einladungen zu seinen traditionsgeprägten und von der Gemeinde hochgepriesenen Gottesdiensten abzugeben.
Die Zugezogenen kommen selten, Spionen gleich sieht man sie hier und da im Gottesdienst, doch trotz der festlich schweren Choralmusik und den alten Liedern des leidenschaftlichen Kirchenchors verschwinden sie so schnell, wie sie gekommen sind. Zum Gemeindefest im Spätsommer tauchen sie wie Pilze auf, bilden kleine Gruppen, genießen Bier und die Grillwurst.
„Kommen Sie mal in unseren Gottesdienst", lädt Herbert Hirte sie ein, dabei löst sein Angebot so viel Begeisterung aus wie neulich die Scharlachwelle im Kindergarten. Fluchtartig verlassen die Neuzugezogenen den Ort des Geschehens.
„Wissen Sie, Herr Pfarrer", meint Frau Pfotenhauer, die Kindergartenleiterin, „die Mütter hätten gerne eine Krabbelgruppe in der Kirche. Vielleicht wäre das eine gute Möglichkeit, Familien zum Gottesdienst einzuladen."
„Tolle Idee, meine Liebe. Sie haben doch bestimmt auch einen Namen und eine Adresse dazu, oder?"

Am Freitag nach dem Gemeindefest hat sich Pfarrer Herbert Hirte bei Cordula Schmitz-Steinbrecher und ihrer schwangeren Nachbarin Britta Berlinger zum Bio-Rotbusch-Tee und zu Grünkernschnitten einladen lassen. Die Krabbelkinder Florian, Tessa-Marie und Elias-Benjamin sorgen für lebhafte Unterhaltung. Am Ende reiten sie trotz des Protestes ihrer Mütter auf Pfarrer Hirtes Rücken, der wirklich alles tut, damit er für eine junge Gemeinde werben kann. Beim Abschied ist er verunsichert, spürt leichten Beschwerden an seiner Bandscheibe und geht mit einer Halbwahrheit auf den Lippen: „Wir würden uns über die erste Krabbelgruppe mit Ihnen sehr freuen!"

Als der Herbstwind die ersten roten Blätter über die Kirche in Glückstadt weht, singen 12 Mütter mit ihren Kindern das Lied vom Zauberer Schrappelschrut und seinem großen Zauberhut. Die ehrwürdige Kirche bebt unter dem Gestampfe kriegslustiger kleiner Indianerfüße. Florian, der Kanzelkletterer, lässt sich zum achten Mal auf seiner Aussichtsplattform von der Küsterin einschließen, während Tessa-Marie ohne irgendwelche kriminellen Absichten den Abendmahlskelch in ihrem Puppenwagen mit nach Hause nimmt.

„Sie meint das nicht so, Herr Pfarrer!" Frau Schmitz-Steinbrecher ist das Verhalten ihrer Tochter langsam peinlich.
„Sind ja nur Kinder! Alles nicht so schlimm", lügt Pfarrer Herbert Hirte, dem inzwischen die wütende Küsterin im Nacken liegt.
„Wissen Sie, Herr Pfarrer, unsere Kinder sind noch so klein. Wir würden gerne einen Krabbelgottesdienst am Heiligen Abend feiern. Wir wären unter uns und würden die Gemeinde nicht stören. Überhaupt sind Gottesdienste für junge Familien eine recht schöne Sache. Lieder mit Bewegungen, Kindergebete. Die Kirche bleibt für sie kein fremder Raum mehr, sondern gehört zur Lebenswelt der Kinder mit dazu", schlägt Frau Schmitz-Steinbrecher vor.
„Nun, das geht nicht einfach so. Da muss ich erst mit unserem Presbyterium sprechen!", meint Pfarrer Hirte, dem der Gedanke fast gefällt.
„Extragottesdienst am Heiligen Abend? Warum das denn?" Für Presbyter Friedrich Wagenknecht, einem pensionierten Religionslehrer, ist das völlig unvorstellbar.
„Unser Weihnachtsgottesdienst ist ein Familiengottesdienst. Wir haben unser Krippenspiel und unseren Kirchenchor. Was wollen die denn mehr?"
Pfarrer Hirte versucht zu vermitteln. „Die Kinder sind noch sehr klein, sie werden dem Gottesdienst nicht folgen können. Außerdem sind es sehr aktive Kinder. Die Eltern werden es nicht schaffen, sie in der wirklich langen Christvesper ruhig zu halten."
An diesem Abend lehnt das Presbyterium den Antrag der Krabbelgruppe ab. Pfarrer Hirte wird beauftragt, diese Nachricht den Müttern mitzuteilen. Die Stimmung der Frauen wechselt zwischen Wut, Enttäuschung und Kampfbereitschaft.
„Wir kommen am Heiligen Abend zu Ihrem Gottesdienst, danke für die Einladung Ihres Presbyteriums", sagt Frau Schmitz-Steinbrecher sehr sachlich, als Pfarrer Hirte nach der Krabbelgruppe die Kirchentür zuschließt.

Leichte Schneeflocken tanzen um die Kirche von Glückstadt. Am Morgen des Heiligen Abends hat die Küsterin den großen Tannenbaum mit den alten Strohsternen und der viel älteren Lichterkette geschmückt. Vor der Kanzel baut sie wie in jedem Jahr den Stall von Bethlehem auf. In die große Holzkrippe legt sie die alte Puppe ihrer dreißigjährigen Tochter. An der Kanzel hängt der große Stern, der bequem mit einem kleinen Schalter von einem der Heiligen Drei Könige bedient werden kann.
Pfarrer Hirte hat an diesem Weihnachtsfest ein mulmiges Gefühl. Merkwürdigerweise klappe die Probe des Krippenspiels wie am Schnürchen.
Um 16.30 Uhr ist es soweit. Die Glocken klingen nach und nach aus. Oben von der Orgelempore sieht Pfarrer Hirte hinunter. Der Kirchenchor, die klei-

nen Schauspieler seines Krippenspiels und eine volle Kirche wie noch nie, dazu ein Meer an Kinderwagen, deren kleine Fahrgäste bereits munter durch die Kirche krabbeln.
Eine so volle Kirche, stellt er zufrieden fest. Ich wünschte, es wäre jeden Tag Weihnachten.

Es wird für die Gemeinde ein unvergesslicher Gottesdienst. „Ihr Kinderlein kommet", wird zum Appell der Krabbelkinder, nach vorne zu kommen. Sie mischen sich auf ihre sehr eigene Art ins Geschehen des Krippenspiels ein. Tessa-Marie streitet sich mit Maria um das Kind in der Krippe.
„Lass das Kind los", schreit die achtjährige Maria, während Tessa-Marie dem Kind die Windel abreißt. Tessa-Marie schaut sich entsetzt den kleinen Jesus an. Gerade als der Verkündigungsengel die Weihnachtsbotschaft hinausrufen will, kommt ihm Tessa-Marie zuvor.
„Mädchen ist, Mädchen ist!", schreit sie, reißt der entsetzten Maria ihr Kind aus den Armen und trägt es mit sich zu ihrem Puppenwagen. Einer der Heiligen Drei Könige versucht die Situation zu retten und schaltet den Stern ein, der nun seinen Auftritt ankündigt. Während die Gemeinde die Könige herbeisingt, zeigt der Stern über Bethlehem kleine technische Aussetzer. Die Küsterin ist mehr als beunruhigt. Ein Wackelkontakt? Von ihrem Stuhl am Ausgang kann sie nicht sehen, das Florian Kanzelkletterer seine Aussichtsplattform erreicht hat und mit seinen kleinen Fingern, den Stern immer wieder ausschaltet, sobald einer der Könige ihn wieder angemacht hat.
„Hör auf damit!", ruft Melchior in die Stille der Gemeinde, packt Florian und trägt ihn zu seiner Mutter, die bereits aufgestanden ist, um ihr Kind abzuholen. Florians Protestschrei liegt über der Geschichte der Könige. Kurz vor der Predigt beruhigt er sich. Ein schelmisches Lächeln geht über sein Gesicht.
Im selben Moment, als Pfarrer Hirte die Kanzel hochsteigen will, hat Elias-Benjamin den Stecker der Tannbaumbeleuchtung gefunden. Plötzlich ist die Kirche nachtschwarz. Selbst der Stern will in diese Finsternis nicht mehr hineinleuchten. Die Küsterin, einer Ohnmacht gleich, findet weder den Lichtschalter noch die Notfalltaschenlampe, die immer auf dem Stuhl neben ihr liegt.
Durch die Finsternis der Welt, die sich an diesem Heiligen Abend wie ein schweres, schwarzes Tuch über Glückstadt legt, ertönt ein Schrei, dann ein dumpfes Plumpsen.
Elias-Benjamin möchte unbedingt wissen, was geschehen ist und steckt den Stecker wieder in die Dose. Mit einem müden Flackern erwacht die Tannenbaumbeleuchtung aus ihrem Schlaf. Der Stern geht auf und zeigt ein Bild des Schreckens: Pfarrer Herbert Hirte ist von der Kanzel gestürzt. Mit schmerz-

verzerrtem Gesicht liegt er im Stall von Bethlehem und hält sich sein Bein. Elias-Benjamin läuft zu ihm um ihn zu trösten. „Aua hat?", fragt er besorgt den guten Hirten. Dann geht alles ziemlich schnell. Dr. Gruber leistet Erste Hilfe, die Küsterin ruft den Krankenwagen. Als die Sanitäter erscheinen, singt der Kirchenchor „Wie soll ich dich empfangen", und als sie Pfarrer Hirte aus der Kirche tragen, stimmt der Chorleiter die Gemeinde ein zum „O du fröhliche". Alle gehen an diesem Abend ziemlich betreten und nachdenklich nach Hause. Nur Tessa-Marie ist überglücklich. In ihrem Puppenwagen liegen das Jesuskind und eine Taschenlampe, um mit ihr nach Hause zu fahren.
Im neuen Jahr wird alles anders. In seiner ersten Sitzung, Pfarrer Hirte ist inzwischen mit einem Gehgips aus dem Krankenhaus entlassen worden, beschließt das Presbyterium ein neues Konzept für die Gottesdienstarbeit mit Familien und kleinen Kindern. Die Küsterin kauft eine neue Lichterkette und in einem Fachgeschäft für Säuglingspflege ein männliches Christkind. Pfarrer Herbert Hirte trägt seit der finstersten aller Nächte immer eine Taschenlampe im Talar.

Gebet – Den Himmel entdecken

Lieber himmlischer Vater,
du hast uns unserer Kind geschenkt.
Liebevoll vertraust du es uns an,
legst sein Leben verantwortungsvoll in unsere Hände.
Durch unser Kind ist der Himmel zu uns auf die Erde gekommen.
In seinem Lachen, seinen Tränen, seinen Fragen, seinen Sehnsüchten
entdecken wir den Himmel,
finden wir dich,
und du zeigst uns, wie wir glauben sollen.

Unser Kind öffnet uns den Weg zu dir.
Frei und unbefangen spüren wir
seine Freude an dir und deiner Schöpfung.
Grenzenloser Gesang, unendlicher Tanz, nicht enden wollender Applaus.
Aber auch Stille, Zeit zum Träumen und zum Kuscheln.
Wir verschenken die Liebe weiter, die du uns Eltern ins Herz gegeben hast.
Gemeinsam entdecken wir den Himmel,
fühlen uns in dir wunderbar geborgen.
Amen.